現代歴史学への展望

長谷川貴彦

現代歴史学への展望

言語論的転回を超えて

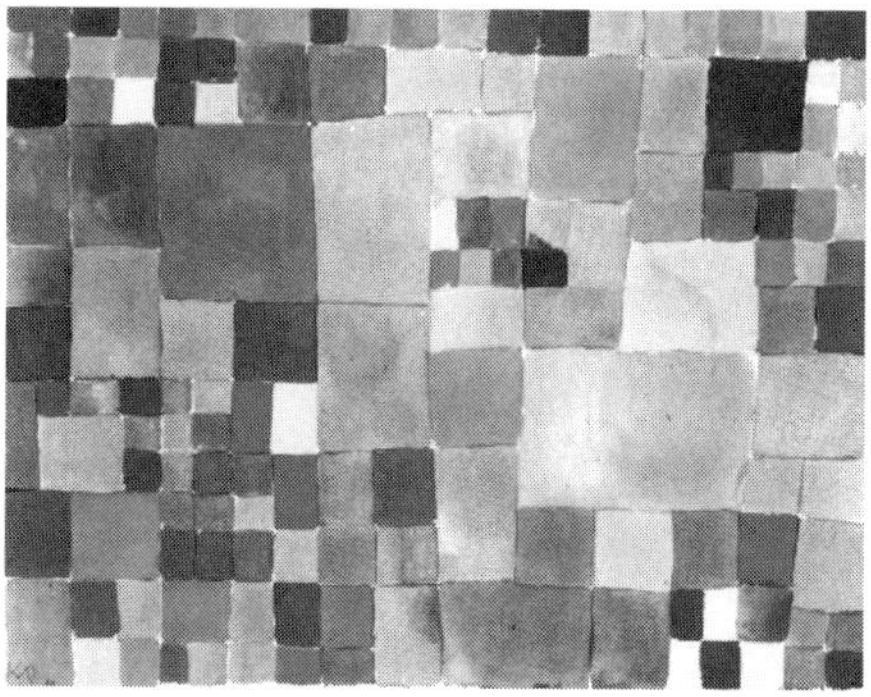

岩波書店

はしがき――転回する歴史学

本書を構成する諸論文は、私が一九九〇年代から二〇一〇年代にかけての約二〇年間に書き溜めてきた歴史理論や方法論に関する論考をベースにしている。それらは、研究動向や学説史の論文として理解されているところもあるが、今日風にいえば、史学史的パースペクティヴによって執筆されたものである。史学史が通俗的な学説史や研究史と異なるのは、いわば歴史学的な「学知」を社会思想史の対象としてみる、言いかえれば、歴史学的な思考様式ないしは(丸山眞男や内田義彦流に言えば)思惟様式として取り扱うものであり、歴史学をめぐる時代環境をより強く意識している点にある。この史学史的アプローチはまた、最近の科学史の方法に従うならば、学問内在的な知の発展の軌跡を追う「内在主義」と、科学を外的な環境の産物と捉える「外在主義」の双方に与するものとなる。

学知へのアプローチとして、この内在主義と外在主義を意識するとすれば、この間の歴史研究は、次のように理解することができよう。第一に、アカデミズム内部にそくして考えれば、歴史研究のパラダイムとしての戦後歴史学がすでに遠景に退き、その批判として登場した社会史研究のパラダイムもいくつかの面においてアポリアに直面していたといえる。すなわち、実証主義と結びついた社会史はミクロな地域社会レヴェルでの分析に下降・沈潜していったが、そのことが大きな社会変動を捉える視点を失わせてしまったのである。さらにこうした動向（社会史のアポリア）に最後の一撃を加えたのが、言語論的転回であった。言語論的転回は、物質主義的に構成された因果関係を説明の原理としてきた社会史に対して思想や文化のもつ規定性を主張することによって、因果関係を逆転させていったからである。

歴史学における言語論的転回の英語圏での嚆矢となる作品が、ギャレス・ステッドマン＝ジョーンズの『階級という言語』であった。私はこの著名であるにもかかわらず翻訳が遅れてきた書物の訳者をつとめることになったが、論争の当事者としてステッドマン＝ジョーンズは、その総括的文書を「日本語版への序文」として寄稿してくれている。最初、この寄稿文を読んだとき、やや意外な感じがした。というのも、転回を推進してきたといわれるステッドマン＝ジョーンズ自身が、ポストモダンと呼ばれる立場からは距離を置こうとしていたからである。「テクストの外部は存在しない」というデリダ的な意味での言語論的転回は、行き詰まったといえようか。その後、言語論的転回のもつメッセージは、より穏健なものとして受け止められていくことになる。

第二に、こうした歴史研究の変化も歴史学がおかれている時代状況と無縁ではなかった。ここで時代状況といった場合、なによりも新自由主義の台頭という現象をあげることができる。ポスト・フォード主義時代の初期グローバリゼーションを記述するために言語論的転回が出現したと言われるように、産業社会の終焉、グローバリズムの進行、そしてそれを政治的に遂行していく新自由主義の政策体系の台頭ということが決定的であった。本書の主たる対象がイギリス史の領域であることは、この点においていくつかの利点をもたらしてくれる。というのも、イギリスは、サッチャリズムというかたちで新自由主義的政策を先駆的に実行していった範型《モデル》として考えられているからである。

このように歴史学が直面していた内在的な問題とは、社会史のアポリア、それに挑戦する言語論的転回ということであり、外在的な問題とは、グローバリゼーションと結びついた新自由主義の台頭であったといえようか。本書は、そうした社会史から言語論的転回、そしてポスト言語論的転回へといたる歴史研究の推移について、グローバリゼーションと新自由主義を背景としたスナップ・ショットを描こうとするものである。また、その推移を日本における戦後歴史学から社会史への史学史的発展と絡めることによって、現代日本の歴史学における課題を明らかにしたい。

本書の構成

第一部は、戦後イギリスにおける社会史研究の系譜について論じたものである。ただし、イギリスにおける社会史研究といっても一様ではない。アカデミズム内部に基礎をおくケンブリッジ学派などの歴史人口学、一九世紀末からの系譜をもつ民衆史研究、そしてそれらを結合させるものとしての『過去と現在』などの社会史研究のメディアが存在していたのである。これらを支えていたマルクス主義にはらまれる政治的進歩主義と経済的還元主義が、一九八〇年代以降のアカデミズム内外の変化、すなわち保守主義の台頭とポストモダンの言語論的転回の進展で影響力を失っていく。この修正主義と構築主義の影響下に社会史研究が変化していったことを、第1章「修正主義と構築主義の間で」は、階級・ジェンダー・都市の研究領域を具体的事例として明らかにしている。

このうち戦後イギリスの労働者文化に関する語りの変遷を通じて歴史研究の現在の地平を明らかにするのが、第2章「民衆文化史の変遷」である。そこで取り上げられる著作は、エドワード・トムスン『イングランド労働者階級の形成』(一九六三年)、ギャレス・ステッドマン＝ジョーンズ『階級という言語』(一九八三年)、そして、キャロライン・スティードマン『マスターとサーヴァント』(二〇〇七年)である。前二作は、文化史・社会史と言語論的転回を象徴する作品として、後者は、ジェンダー史のなかに情動の文化史や主観性の研究を取り込んだパーソナル・ナラティヴ研究の実験的な作品として位置づけられる。他方で、階級と都市については、第3章「社会史の転回」のなかでより詳細に論じている。この章のもととなった論文は、本書に収録した論文のなかでも最も早い時期に執筆したもので、都市社会史研究に表出される歴史学のアプローチ上の変遷を追っている。たとえば、都市の階級構造や社会構造分析に関して、物質的利害を重視する経済決定論的なアプローチが、宗派や党派など社会的結合関係を重視する文化史、さらに言語やイデオロギーを重視する言語論的アプローチに取って代わられる過程を描いている。

第二部は、言語論的転回以降の歴史学を射程に入れた理論的考察が中心となる。歴史は物語であるという文学者や哲学者から加えられた批判のため、歴史学の言語論的転回はもっぱら歴史叙述の文脈のなかで語られてきた。しかし近年、史料分析において言語論的転回の成果を利用するアプローチが登場してきており、それが対象となる人びとの「語り」への注目となってあらわれている。第4章

「物語の復権／主体の復権」は、これら個人の語り（パーソナル・ナラティヴ）のレヴェルから歴史を捉え直そうとする研究に焦点を当て、その具体的事例を、ジェンダー史、福祉と貧困の歴史、帝国史のなかに探りながら、現代歴史学のひとつの方向性を指し示そうとする。

続く**第5章「文化史研究の射程」**は、一九世紀のブルクハルトやホイジンガに代表される古典的文化史に始まり、二〇世紀半ばの民衆文化史や一九八〇年代の実践と表象をスローガンとする「新しい文化史」を経由して、言語論的転回以降の文化史にいたる方法論の流れを概観し、さらに現代歴史学のなかでの文化史実践の事例をピーター・バークの研究とジェンダー史の動向から紹介する。**第6章「現代歴史学の挑戦」**は、歴史学研究会創立八〇周年記念シンポジウムでの報告をもとにして、サッチャリズムをめぐるイギリスの経験から歴史学と現実との関係性について論じたものである。ヴィクトリア的価値論争とポストモダン論争を経て歴史学を刷新していったイギリス史学の経験は、新自由主義、領有権をめぐる紛争、愛国主義などの問題に直面している現代日本の歴史学に対して、その進むべき方向性になにがしかの示唆を与えるものになると考えた。

第三部は、以上述べてきたような欧米での歴史学の動向を日本の歴史学の文脈に定位していく。**第7章「『社会運動史』とニューレフト史学」**は、一九七〇年代から一九八〇年代にかけて一世を風靡した伝説の雑誌『社会運動史』の再検討をイギリスのニューレフト史学の発展との比較から行なうものである。資本主義の揺籃の地イギリスと、後発国ながら急激な経済発展を遂げた日本という、一見異なる両国ではあるが、そこには、マルクス主義の影響力が強固であった点、また移行論争から社会史、そして文化史へという、歴史研究の共通の発展のパターンがあったことが明らかとなる。さらに両国における言語論的転回の影響を見ることによって、現代日本の歴史学に欠落している問題群を析出する。**第8章「二宮史学との対話」**は、『二宮宏之著作集』全五巻の完成を記念して行なわれたシンポジウムでの報告をもとにしている。戦後歴史学を批判するかたちで登場してくる社会史研究、その潮流を代表する歴史家である二宮の歩みを振り返りつつ、二宮史学のエッセンスを戦後歴史学→社会史→文化史という史学史の文脈に位置づけることを狙いとしている。その際、鍵概念となるのが「構造」と「主体」であり、その意味で本章は、第7章の姉妹編をなすものとなる。

終章「現代歴史学への展望」は、前章までの議論を受けて、社会史から言語論的転回への転換を概観しながら、現在のポスト「転回」の位相を明らかにしている。この問題は、アメリカ歴史学会によって自覚的に取り組まれており、専門誌『アメリカ歴史学評論』が二〇一二年に特集号を組んでいる。またリン・ハント『グローバル時代の歴史叙述』(二〇一四年)やデヴィド・アーミテイジらの『歴史学宣言』(二〇一四年)が、その具体的な様相を明らかにしてくれている。「下からの」グローバル・ヒストリーやディープ・ヒストリーへの実証主義的課題を交えた提言、なによりもかつて歴史学がもっていた輝きを取り戻そうとする実践性の提起がとりわけ重要なものとなる。

目　次

I

社会史から言語論的転回へ

第1章　修正主義と構築主義の間で——イギリス社会史研究の現在

はじめに

（1）社会史研究の現在

ミネルヴァの梟は、夕暮れに飛び立つ。社会史研究も、そんな黄昏の時期を迎えているのかもしれない。たしかに、一見するとイギリスの社会史研究は、〈終末の到来〉によってその全体像が明らかになりつつあるかのごとくである。一九九〇年には、一八世紀から二〇世紀にいたるイギリス社会史に関するF・M・L・トムスン編『ケンブリッジ講座イギリス社会史　一七五〇～一九五〇』が刊行された[1]。この三巻にわたる講座で扱われている主題を見れば、第一巻「地域と社会」では、都市、農村、スコットランド、ウェールズ、北部、ロンドン、第二巻「人と環境」では、人口動態、家族、労働、住民、飲食と栄養、余暇と文化、そして第三巻「機構と制度」では、国家と社会、教育、健康と医療、犯罪と警察、宗教、博愛主義、結社などと、ほぼこれまでの社会史研究の成果を網羅した内容となっている。また二〇〇一年には、都市社会史研究の到達点を示す『ケンブリッジ講座都市史』全三巻が完結した。(2) そこでは、都市における人口動態、社会構造、政治文化、消費と余暇、宗教、衛生などが取り扱われており、先の『講座イギリス社会史』の研究主題がローカルな場において詳細に展開されているのである。これら一連の講座の刊行は、かつて政治史や経済史の周縁的な領域として始まった社会史研究が、精緻な体系化の段階を迎えつつあることを端的に物語っているといえよう。

しかし他方で、アングロ・サクソン系の歴史家たちの間では、社会史研究そのものに対する疑義が呈されてきている。たとえば、イギリスの中堅の歴史家たちによって『社会史再考』(3)という論文集が刊行されたが、編者であるエイドリアン・ウィルスンは社会史研究における一種の閉塞状況を指摘している。ウィルスンによれば、社会史研究は、イギリスのアカデミズム内外において制度的基盤を得て知的生産力を獲得したがゆえに、新たなる問題点を抱え込みアポリアに陥っているとされる。同様の事態は、アメリカの社会史研究者の間でも指摘されており、ヴィクトリア・ボネルとリン・ハントによれば、社会史研究はすでにその可能性を使い果たして、歴史学の主流はポスト構造主義の影響を受けた「文化論的転回」と呼ばれる方向への転換を遂げてきているというのである。(4)

本章は、一八世紀から一九世紀のイギリス社会史研究に関するバランスのとれた紹介を目的とするものではない。それは、筆者の力量を越える課題であるし、何よりも先の二つの『ケンブリッジ講座』がその全容を明らかにしているからである。実際、この講座に集約されることになる動向を踏まえたサーヴェイ論文もいくつか発表されており、それらによってイギリス社会史研究の大まかな見取り図は与えられている。(5) むしろここでは、社会史研究が抱え込むこの「アポリア」に焦点 、そこに象徴的に表出される社会史研究の構造的問題を明らかにしてみようと思う。実は、この問題を解く鍵は、イギリスにおける社会史研究の独特の制度化の様式のなかにあると思われる。したがって、ここでは社会史研究の特殊な制度化のあり方にそくして検討を始めねばならない。

(2) 制度化された社会史研究

イギリスにおいて社会史が歴史学のジャンルとして確立するのは、オクスフォードやケンブリッジを中心とするアカデミズム史学が、国民国家の顕彰的歴史としての性格を強めていった一九世紀後半以降のことである。このアカデミズム史学がハイポリティクスにおける少数の国家エリートの活動に分析の対象を限定していったことへの対応として、アカデミズムの周辺に位置しながら「下からの歴史」ないしは「人民の歴史学」を標榜する学問としての社会史が登場する。世紀転換期には、新設大学の一部に堡塁を築くことになるが、主としてフェビアン協会や労働党、あるいは、ジャーナリズムにおいて大衆的読者を相手としながら社会史研究は展開してきた。また第二次世界大戦後には、マルクス主義の影響を受けた若い世代が加わり、「労働史研究協会」の設立、雑誌『過去と現在』の創刊、オクスフォード大学のラスキン学寮を中心とするヒストリー・ワークショップの運動などに見られるような独特の制度的基盤に支えられ、その影響力を拡大してきたのである。当初は社会主義、ついでフェミニズムや多文化主義などの影響を受けながら、政治的な進歩主義的傾向をその特徴としていた。(6)

他方、一九六〇年代以降、社会史研究において、分析概念を隣接諸科学から借用するという社会科学的傾向が顕著になる。歴史学が、隣接諸科学から分析概念を借用するといった方法は、何も特別に新しいことではないが、一九六〇年代のそれは歴史学を取り巻く環境の急激な変化によるところが大きい。すなわち、大学などの高等教育の拡大、カウンティ(州)レヴェルでの文書館の整備、コンピュータ技術の進歩、コピー機械の普及、大学での社会経済史の講座化などである。客観性を重視する「科学」としての歴史学の地位をアカデミズム内部において築く必要性があるという内的要因、また史料分析の技術的進歩という外的要因に促されて、歴史学は社会科学的手法を適用することに積極的になるのであった。キース・トマスによれば、「歴史家のボキャブラリーを洗練させるために社会科学が援用されたのである」。とりわけ、ケンブリッジ学派による歴史人口学に見られるように客観性や科学性を確立するための数量化の試みが行なわれ、歴史的素材は「史料」から「データ」へと変容していった(7)。

アカデミズム史学への反発から社会運動と結びついた進歩主義的傾向をもつ「人民の歴史学」、他方で大学のなかで制度化された社会科学的歴史研究が、独特の制度的環境において形成されてきた社会史研究の潮流とでもいえようか。次に、こうしたアカデミズム内外で展開する社会史研究が抱える問題を、それを取り巻く環境の変化との関わりにおいて明らかにしていくことにする(8)。

一　社会史研究をめぐる環境

(1) 社会史研究の隘路

一九六〇年代から七〇年代における社会史研究は、アカデミズム内部での「科学的傾向」が強化されるなかで、主に人口学や社会学との連携を通じて学問としての「客観性」や「科学性」を確立していった。ここに歴史社会学と呼ばれる学問分野が成立するが、そこでは経済発展・政治変動・宗教的変容の説明において、因果関係の基底に社会的要因を措定することによって歴史解釈の理論としての優位性を発揮していった。歴史学における社会史研究パラダイムの確立である。この研究パラダイムのもとでの共同研究や大規模プロジェクトの進展によって、社会史研究は学問的生産力を獲得することになった。

だが、この社会史研究は、その発展そのものに内在的な矛盾を抱えていた。それは、研究の進展にともない、地域や時代ごとに分析対象の示す多様性が明らかとなり、また社会変動のもたらす急激な断絶性が否定されて連続性が強調されることになったからである。キース・ライトスンは、この状況を捉えて「社会史研究のエンクロージャ」現象と呼んでいる。すなわち、社会史研究が、時間的・空間的に細分化した方向に向かうことによって、長期的変動や歴史的全体像を捉える視点の喪失に帰結しているというのである。たとえば、地域史や都市史研究の分野で生み出されてくるモノグラフも、市民革命や産業革命、ないしは近代化や工業化などの社会変動に対する歴史的評価として、明確な断絶性を否定して連続性を強調するものになってきているとされる。こうして、かつて社会史研究がもっていた歴史解釈の理論的パラダイムとしての優位性は、徐々に失われていくことになった[9]。

このような社会史研究の隘路は、方法論的な行き詰まりとも密接に関連していた。社会史研究パラダイムは、社会変動を説明するための因果関係を構築するにあたって、社会集団・社会運動・社会的利害といった物質的利害に基礎をおく社会的カテゴリーに対する素朴な信頼に基づいていた。たとえば、「階級」とは物質的な利害をもつ社会集団であり、「階級意識」とはその利害の反映したものとされてきた。しかし、社会史パラダイムのもとで量産されるミクロな実証研究が、こうした社会史研究の知的基盤を動揺させることになった。ローカルないしは民衆レヴェルでの慣習や文化においては物質的利害に還元して説明できない場合があり、歴史的因果関係の複雑さが明らかとなってきたからである。こうした隘路に陥った研究の状況に対して、さらにアカデミズム内外の要素が加わり社会史研究は大きな転換を余儀なくされていく。

(2) 修正主義

一九八〇年代以降の社会史研究の転換は、六〇年代の楽観主義を支えていた時代の雰囲気が去ることによってやってきた。転換をもたらしたものは、戦後福祉国家体制の動揺を背景とする新保守主義の台頭であり、「不満の冬」を契機とするサッチャー政権の誕生であった。国内的には、一九八四〜八五年の炭坑ストライキが敗北したこと、ロンドンを中心とした都市社会主義による抵抗がサッチャーの攻撃によって地方自治体そのものの廃止へと帰結したことで、従来の福祉国家のもとでの社会民主主義路線は命運尽きたかに見えた。また国際的には、一九八九年の東欧革命、一九九一年のソ連社会主義の崩壊といった世界史的事件は、「人民の歴史学」の前提としていた歴史観を根底から覆すものであった。

こうした政治的雰囲気の変化を機敏に捉えて、進歩主義史観やマルクス主義史観の見直しを迫る「修正主義」的歴史家が相次いで登場することになった。彼らは、実証研究によって提出された連続性の問題に対してイデオロギー的含意をもって理論化ないしは体系化して主張していったのである。具体的には、近世社会をめぐるアラン・マクファーレン、一九世紀史におけるW・D・ルービンスタインらの議論であったが、その代表格は、一八世紀社会をめぐるジョナサン・クラークの研究であった。クラークは、ホイッグ史観とマルクス主義史観の双方への異を唱え、一八世紀イングランド社会の農村的・伝統的・家父長的性格と、そこにおける王権・貴族・聖職者の重要性を強調した。つまり、クラークによれば、君主制・貴族制・国教会を中心とする一八世紀イングランド社会は、ヨーロッパの絶対主義国家と同じ「アンシャン・レジーム」と捉えられるというのである。クラークの議論は、一九世紀の視点から過去を読み説く目的論的・還元論的歴史解釈を批判した点において「下からの社会史」と共通する志向をもっているが、一七世紀の市民革命の意義を過小評価して歴史の過度の連続性を強調している点において批判の集中砲火を浴びることになった。ここに、連続性と断絶性をめぐる考察が、歴史研究における主たる論争点として浮上してくることになる(10)。

他方、「修正主義」的傾向は、「人民の歴史学」の自己変革をも促していった。批判的知識人は、サッチャリズムに対抗する知的・政治的戦略の再考を迫られることになったのである。シティズンシップの拡張によってイギリスの伝統的な国制の原理の変革を求める「憲章八八」の運動、マルクス主義の内部からの自己刷新を求めた雑誌『今日のマルクス主義』の動きに、その新しい方向性を見てとることができる。歴史学においても、「人民の歴史学」のもつ労働者・労働組合中心主義的なバイアスに対する再検討が行なわれることになった。たとえば、一九八八年に開催されたレズリー・モートンの『イングランド人民の歴史』刊行五〇周年記念のコンファレンスでの中心的な論点は、モートンの「人民」概念への批判であった。また、現在ではカルチュラル・スタディーズの古典ともなったエドワード・トムスン『イングランド労働者階級の形成』の「労働者」概念に対しても批判が加えられていく。すなわち、「人民」や「労働者」は、イングランドの白人男性家父長をイメージして構築されたものであり、人種・民族・ジェンダーの点において著しいバイアスをもっているとされ、「人民」や「労働者」内部の多様な差異に注目が払われることになったのである。このように知的ポジショニングの如何を問わず、政治的雰囲気の劇的変化にともなう「修正主義」的傾向が、一九八〇年代以降のイギリスの歴史学における主たる潮流となっていった。(11)

(3) 構築主義

社会史研究の転換は、アカデミズム内部からも発生する。「言語論的転回」や「文化論的転回」、そして「構築主義」といわれる認識論的革命が、歴史学にもたらされることになったのである。この認識論的革命の影響を受けた社会史研究の転換の方向は多様であった。第一に、それは、歴史研究の主体レヴェルで主観主義的な歴史解釈に道を開くことになり、客観的な歴史解釈の不在という歴史認識上の根本問題を突き付けることになった。歴史学とフィクションとの区別を曖昧化させることによって、歴史におけるナラティヴの力の再発見を促すことになったのである。ミクロストリアと呼ばれる歴史の細部に宿る物語の再構成などはそのひとつの事例であり、近年では、この「物語論」そのものが著しい展開を遂げている。それらは、ジャーゴンに彩られたモノグラフ生産に特化したアカデミズムの歴史研究に対する痛切な批判であったともいえよう。(12)

第二に、歴史研究の対象レヴェルにおいては、「社会」を物質的で客観的な存在と捉えるアプローチそのものに疑問が提出されてくる。たとえば、構造主義の影響を受けた文化人類学の系譜からは、社会を構成する儀礼・言説・習慣・象徴などの役割への注視が始まった。もちろんこうした志向性は、トムスン『イングランド労働者階級の形成』の方法論的地平にもはらまれていた。トムスンは、労働者階級が工場や蒸気機関という物質的環境から自動的に形成されるという経済還元主義を批判して、イングランド独自の伝統(プロテスタント非国教徒の良心、自由なるイングランド人という観念、群集行動の経験)が産業革命の経験によって屈折するなかで階級形成が行なわれたことを明らかにしたのであり、そこには、経済的利害に対する文化の相対的自律性、換言すれば、「文化論的転回」への志向性が内包されていたといえよう。(13)

さらに、フーコーやデリダなどポスト構造主義の影響を受けて、社会そのものが言説＝実践によって構築されたものであるという視点が強調されることになる。トムスンにおいては、「経験」という社会的位相を媒介として文化の自律性が論じられていたのに対して、ここでは、言語を媒介としたイデオロギーの自律性が強調されることになる。こうした主題を歴史学の分野で最初に表現したのが、ギャレス・ステッドマン゠ジョーンズであり、彼のチャーティズム分析は、言語論的転回の成果を本格的に歴史学の分析に応用したものとして画期的な論文となっている。このような言語論的アプローチに対しては、マルクス主義の立場に立つ歴史家から痛烈な批判が相次ぐことになるが、その後、「階級」は多様な「差異」のひとつとして断片化され、「階級意識」は「アイデンティティ」として構築主義的な観点から読み直されていくこととなった(14)。

二　社会史研究の展開

政治的情勢の変容にともない登場した政治路線や歴史認識における「修正主義」的傾向、および社会史研究が内包した方法論上のアポリアから発生してきた「構築主義」と呼ばれる方法論的革新。これらのアカデミズム内外の環境の変化に挟撃されるかたちで展開を遂げてきている社会史研究の動向をフォローすることが、本節での課題となる。もちろん、このような課題に対して社会史研究の全領域を包括的に述べることはできない。したがって、ここでは、修正主義と構築主義の影響が最も明確なかたちで現れている分野である階級、ジェンダー、および都市という主題に絞って論じていくことにする。そこには、歴史解釈におけるポスト修正主義段階への胎動が見てとれるからである。

（1）階級

階級論の新たな動向は、労働党の路線論争と絡んで労働者階級から中産階級（中間層、ミドルクラス）へと分析の対象が移行したことが特徴的である。この間の中間層研究を総括する位置を占めるのが、一九九六年九月にマンチェスター・メトロポリタン大学において開催された「イギリスの中間層　一七五〇〜一九八〇」である。シンポジウムの冒頭発言では、サッチャリズムの登場、社会主義の崩壊など世界情勢の変化にふれながら、その底流に中間層の台頭という現象があることを指摘し、その学問的研究の必要性が説かれたのである。このシンポジウムの記録は、アラン・キッドとデヴィド・ニコルス編『イギリス中産階級の形成？』（一九九八年）[15]、同編『ジェンダー・市民文化・消費主義』（二〇〇〇年）[16]という二つの書物にまとめられている。前者は、「イギリス」「中産」「階級」「形成」という主題を吟味しながら、中間層の地域的・文化的多様性を強調し、国民的統一性をもった中産階級は未だ形成されておらず、地域ごとに形成と再形成を繰り返すプロセスとして、中産階級論を展開している。とりわけ、軍人・植民地官僚などの専門職の存在を重視した、中間層は帝国の歴史と不可分であるとの指摘は、近年の市民社会論の再検討とあいまって興味深いものがある。後者は、ジェンダーや消費といった旧来の中間層研究に欠けていた視点から、公共圏をキーワードとしつつ、中産階級のアイデンティティの構築のされ方に注目している。

この二つの書は、現在の中間層研究を射程に入れているという点で、現時点における研究水準を示すものであろう。それらによれば、一九八〇年代以降の中間層研究は、主として三つの方向から従来の認識に再考を迫りつつあるという。すなわち、第一に、一八世紀後半から始まる産業革命に先行するかたちですでに一七世紀に中間層の形成が開始されていたとする研究、また第二に、経済決定論的な階級形成論を批判して、中間層内部の多様性を強調しつつ社会史・文化史的な形成を論じる研究、そして第三に、通説の成功物語を否定し、中間層の「失敗」を強調する研究である。

第一に、産業革命に先立ってイギリスでは、一七世紀以来の帝国の形成にともなう環大西洋レヴェルでの経済発展と、そこにおけるビジネス・チャンスの拡大、消費社会の浸透による中間層の台頭が生じていたことが指摘されている。こうした研究は、産業資本家に限定されない中間層の多様性を、時代を遡及することによって主張しているといえよう。たとえば、ピーター・アールによれば、地方都市と比較して人口の集中と産業の発展が近世の初期から見られたロンドンでは、一八世紀初頭には帝国の恩恵を受けて中間層の登場が明らかとなるという。ペネロピ・コーフィールドは、医師・聖職者・法律家など土地を財産としない専門職が一八世紀に見られたことを指摘している。こうした研究を受けて、ジョナサン・バリーらの研究者も、多様な視点から一七世紀以降に中間層の形成を確認している(17)。

第二の点に関しては、社会史・文化史の立場からいち早く中産階級の構築という問題に取り組んできたのが、ロバート・J・モリスであった。リーズの地域研究に基づくモリスの『階級、宗派、党派』によれば、金融・商業利害、産業資本家、専門職などに加えて、最大の勢力を占めることになる小店主や親方層などの下層中間層まで経済的構成は多様であり、さらに宗教と政治的党派の面において、単一の階級としては捉えきれない側面をもっており、この多様性をもつ中間層がひとつの階級を形成していく契機となるのがアソシエーション(自発的結社)であるという。そこにおける社会的結合と集合的心性によって、中産階級としての「階級」と「階級意識」が形成されるというのである。他方、ドロア・ウォーマンの『中産階級を想像する』は、一八世紀初頭より中間層の社会的存在を確認しながらも、階級的に凝集化していくのは一七九〇年代における「中産階級」という言語の発明によるという言語論的解釈を提示する。だが、フランス革命期においては、貴族と民衆とに挟撃されるかたちで、政治階級としての中産階級の形成は失敗に終わる。ウォーマンは、社会的決定論と言語的決定論の双方を退けながら、ある特定の政治的コンテクストで構築される階級的アイデンティティの意味と機能に注目しているのである(18)。

第三の点に関しては、すでにペリー・アンダーソンに始まる「英国病」、あるいは、「衰退」起源論争として早くから日本でも紹介が重ねられている。こうしたなかで、マーティン・ウィーナー『イギリス産業精神の衰退』は、ヴィクトリア中期に始まるイギリスの長期的「衰退」の原因を、中産階級のジェントリ化、とりわけ彼らが教育を受けたパブリック・スクールに見られる古典重視・反実学的志向に求め、産業精神の衰退という文化の側面から解釈しようとしたものであった。W・D・ルービンスタインは、これを受けて、イギリス資本主義の特質はシティを中心とした商業金融業にあるのであって、その点からすればイギリス経済は衰退などしていないという議論を提起した。ジェントルマン的文化の連続性、言いかえれば、修正主義的傾向をもつ中産階級の「失敗」論が、論争のひとつの焦点として継続している。[19]

（2）ジェンダー

イギリスにおけるジェンダー史学の古典として位置づけられるのが、レオノア・ダヴィドフとキャスリン・ホールの『家族財産――イギリス中産階級の男性と女性』である。同書は、中産階級の形成過程の中心的モメントをジェンダーに注目しながら描いた作品で、一七八〇年代から一八五〇年代にいたる期間の、新興の産業都市バーミンガムと農村地域イーストアングリアにおける「イデオロギー・制度・実践」のネットワークから構築される、階級とジェンダーとの関連を分析している。教会での組織原理やヒエラルキー、聖職者の言説、ハナ・モアのテクスト、「家族の肖像」を描いた絵画などの媒体を通じて福音主義イデオロギーが浸透し、女性の男性への従属と家庭での道徳が説かれた。中産階級の女性は、教育・就業機会・遺産相続などの制度面においても差別され、経済的自立の機会を奪われて家庭に閉じこめられていくことになる。やがて、仕事場と生活の場が空間的に分離され、郊外に建設された邸宅のなかで中産階級固有の家庭が形成されていった。家庭においては、消費生活を通じて感性・身体性の面においても独特の中産階級的生活様式が実践されていったのである。豊富な史料を用いて「分離領域」の形成過程を論じる『家族財産』は、以後、イギリスにおけるジェンダー史学の基調となる研究の方向性を指し示すことになる。[20]

この点をジョーン・スコットのジェンダー論との対比で考えてみよう。周知のように、スコットは、その代表作『ジェンダーと歴史学』において、既存の女性史を批判して「ポスト構造主義と脱構築だけが研究を進展させる可能性をもつ」という立場からジェンダーをめぐる知と権力の関係に焦点を当てる。労働史の古典とされるトムスン『イングランド労働者階級の形成』も、男性支配を強化する権力性をもっていたことが暴露される。こうしたスコットの作品に対しては、キャスリン・ホールによって批判が加えられる。ホールは、性的差異に関する本質主義を批判した点ではスコットの意義を認めつつも、言語決定論に陥っているのではないかという疑問を提出し、ここに一九七〇年代のトムスンとアルチュセール派との間の論争点であった構造と主体をめぐる問題が再登場してきているという。テクストが構築する意味の体系としてのジェンダーと、歴史的状況のなかで主体が経験するジェンダーとの間には乖離が見られること、また言語とは異なる意識化されない記憶や欲求といった無意識レヴェルでの問題をスコットのアプローチは看過してしまうとされるのである。あくまでも生きられた女性の経験にこだわろうとするホールらイギリスの女性史研究者は、同じアングロ・サクソン系の諸国のなかでも、言語論的な構築主義的アプローチの強いアメリカの歴史家とは異なったジェンダー研究の軌跡をたどることになる(21)。

こうしたなかで、ダヴィドフとホールの『家族財産』に対しては、まず一八世紀史研究者であるアマンダ・ヴィカリーによって体系的な批判的検討が行なわれた。ヴィカリーは、第一に、『家族財産』で用いられている史料が、主に男性側によって書かれたバイアスをもったものであることを指摘し、女性自身による日記や手紙などの手稿史料を用いて、女性側から見たジェンダーをめぐる表象を再構築すべきことを説き、第二に、公的領域と私的領域の分離がヴィクトリア期において初めて完成されたとする説は誤りで、「見過ごされてきた一八世紀」においても独自に公と私を領域的に分離する線が引かれていたことを指摘する。(22) ヴィカリー『ジェントルマンの娘』は、一八世紀のジェントリ層の女性の手紙・日記・出納帳などから女性自身のジェンダーをめぐる表象を再構築しようとする。女性の家庭への「閉じ込め」というテーゼに対しては、実際の女性たちが手紙のやり取りを通じて、妊娠・出産・子育てに関する情報を交換しネットワークを形成していたこと、またジェントリの家庭においては家事使用人が邸宅のなかに居住しており、女性にも使用人の管理や家政運営などミクロレヴェルでの政治的領域が存在していたことを明らかにする。またジェントリの邸宅は、毎年の収穫の後に行なわれる晩餐会、男性による狩りの集いの場ともなり、家族以外にも開かれた公共的空間となっていたという。ヴィカリーは、史料批判と理論的批判によって、「公と私の分離領域」というテーゼが時代ごとに慎重な検討を要していることを主張しているのである。(23)

ジェンダーをめぐる研究は、女性史というジャンルを越境していくことになる。一九九〇年代には、男性史研究の分野でもジェンダー概念に依拠した研究が産出されることになった。これらを総括したジョン・トッシュによれば、一七五〇〜一八五〇年のマスキュリニティ(男性性)をめぐる研究は、主として三つの主題をめぐって行なわれてきているという。第一に、武勇性や決闘など貴族的男性性の衰退と新しい中産階級的男性性の台頭が同時的に進行すると見なされてきたように、階級の形成とジェンダーの形成を有機的な関連のもとに捉えようとする動向である。第二に、このジェンダーの形成過程は、性的差異の未分離な状態から二つの性モデルへの移行により、男女間の性的特質が形成されて分離領域の形成につながるというものである。第三には、イングランドの言説のなかで「男性性」の意味するところが、一八世紀の「評判」を重視する他者志向性から二〇世紀の「内面性」へと力点が移行してきているという、男性性の意味やアイデンティティに関わる問題である。トッシュによれば、全体として従来のステレオタイプ化された移行の図式が経験主義的な実証研究の成果によって批判され、断絶性と連続性の複雑なバランスシートが確認されているというのである。(24)

(3) 都市

都市史をめぐっては『ケンブリッジ講座都市史』が象徴するように多様なテーマが開拓され、残された研究領域はすでに限られているかのごとくである。しかし、この間の都市史研究は、「統治」(governance)概念の登場によって活性化されてきている。この「統治」概念は、都市社会や「秩序」や「権威」を静態的なものとはみなさず、「秩序の秩序化」(ordering of order)や「権威の組織化と正当化」(organization and legitimization of authority)という動態的過程として捉え直すことを強調している。また、「統治」は国家活動に限定されないものとされ、政府と社会との相互作用に焦点が当てられ、国家と市民社会との境界は不透明なものとなる。これによって、社会史が主張してきた政治や経済に対する社会の自律性は否定されることになる。(25)

この「統治」概念が提出された背景には、一九八〇年代以降の政治経済をめぐる急激な変化が存在している。「民営化」という言葉に象徴されるように国家と市場との関係が再編され、所有形態をめぐって公私混合体的形態が発展する。またグローバル化の進展によって、その管理をめぐってEUやWTOなどの国民国家を超える法的実体が形成されることになった。そして、一九七〇年代後半以降、西側では、福祉国家論者は拒絶され、旧東側では、闇市場の氾濫などにより国家が合意形成において失敗する。これらに共通するのは、国家に収斂する政治や行政の限界が示され、国家の統治不能状態を露呈することになった点である。したがって、統治行為そのものの複雑性、環境の変化による動態的発展、あるいは、社会との相互依存性などが強調されることになったのである。

こうした「統治」概念によって活性化された一八世紀から一九世紀にかけての都市史研究について、いくつかの特徴をあげてみよう。第一に、都市の自己認識が注目されていることである。一八世紀においては、カウンティ(州)が地域の結節点となっていたが、人口や情報などの社会的流動性の高まりによって「都市への自己言及性」が増大していく。その具体的手段となったのが、地方新聞の発行、商工人名録の刊行、諸団体の設立などである。これらは、伝統的な空間的境界が流動化するなかで、都市をめぐる表象をイデオロギー的・制度的に構築することによって、統治の基礎的単位としての空間的・領域的一体性を確立しようとするものであった。一八世紀後半以降に見られる地方都市レヴェルでの都市史の記述の増加なども、新たな自己同一性の構築を試みたものとして理解することができよう(26)。

第二に、こうした都市空間の内部において、多様な形態での「秩序と権威」の構築が模索された点に関心が向かっていることである。たとえば、市民社会レヴェルにおけるアソシエーションは、都市の貧困問題への対応を担う団体、つまり「貧民」のための病院や学校などの博愛主義的団体として、救貧法による国家的福祉と相互補完的な関係に置かれ、いわゆる「福祉複合体」を形成していくことになった。他方で、アソシエーション内部において寄付者民主主義が採用されることになり、それは、広範な中間層を団体主義的に統合していく役割を果たした。また自由主義時代には、公衆衛生・救貧・工場法・教育などの分野で国家の介入が強化されるという逆説が発生していたが、この官僚制度は、その正当性を確保するにあたって、政策形成における専門性や知識、そして情報などを利用していった。それらは王権や名望家などによる伝統的権威を用いた正当化の論理に取って代わることになったとされる。

こうして秩序や権威、権力は、常に組織化し正当化していかねばならない動態的過程として読み解かれることになる。この「統治」をめぐる議論を念頭において、教区レヴェルでの中間層による「法と秩序」の維持に焦点を当てた、スティーヴ・ヒンドルの卓抜した一七世紀農村社会史研究が示したように、権力は日常世界のなかで構築され再構築されるという過程をたどるものとなる(27)。一九世紀の都市エリートは、都市自治体やアソシエーションなどの場を通じて、公開討論、代表制度の拡大、情報ないしは科学的・専門的知識の提出というかたちで「統治」を実践していった。こうした不断の交渉と交流、そして協同をともなうヘゲモニー・プロジェクトによって都市における「統治」の領域が

構築され、「権威の正当化」と「秩序の組織化」を遂行することが可能となった点が強調されているのである。(28)

小　括

冒頭より述べてきたように、独特の制度的基盤に支えられて発展してきたイギリス社会史研究は、一九八〇年代より大きな転換を遂げていった。社会史研究パラダイムのもとで量産される実証主義的モノグラフがもたらした断絶性の否定と連続性の強調という傾向は、新保守主義の台頭による政治的雰囲気の変化とあいまって、修正主義的歴史学の登場を準備していった。この修正主義的な傾向はまた、「人民の歴史学」の自己変革をも促し、労働者階級中心主義に代わり、ジェンダー・人種・民族といった差異を重視するフェミニズムや多文化主義が浮上してきた。また「人民の歴史学」の社会民主主義路線はヴォランタリ部門を重視する新たな福祉政策へと転換していったが、これが福祉国家の歴史叙述にも大きな変容をもたらし「福祉複合体」論が登場してくることになったのである。

他方、物質的利害に基礎を置く社会的カテゴリーを前提とする社会史研究は、ポストモダン理論の影響下に文化や言語といった領域がもつ相対的自律性を強調する構築主義的転回のなかで再考を迫られていくが、その背景にあるのは、記号的消費の重要性が増大したポスト産業社会への構造転換であった。ミゲル・カブレラ『ポスト社会史』(29)は一九八〇年代以降の歴史学、とりわけ社会史研究が余儀なくされていった転換を、哲学や言語学に対する単に防衛的なものと見なすことは誤りだとしている。それは、現代社会の変容とそれに附随するポストモダニズムの潮流のなかで歴史学をもその一環とする近代知全般の構造転換を意味しているからであり、具体的には、近代社会科学を特徴付けていた客観主義への批判に始まり、最近では、それを逆転させて行き過ぎた主観主義的傾向に対しても揺れ戻しの批判が起こっているというのである。

こうした修正主義と構築主義の潮流は、いくつかの研究分野において尖鋭的に交錯してきた。階級論における労働者階級に代わる中間層への注目は、エリート対民衆といった対抗の図式を中間から内破しようとするものであり、そこにおける階級形成論への構築主義的アプローチの採用は経済還元論への批判を強化するものとして展開してきた。また女性史研究から発展したジェンダーをめぐる議論では、生物学的決定という本質主義と言語による構築主義的決定との中間に「経験」というカテゴリーを挿入する、社会史研究におけるイギリス的特質を見てとることができた。そして、都市史の分野においては、国家と市民社会ないしは国家と市場の中間的領域に位置するアソシエーションに注目しながら、「統治」をダイナミックなプロセスとして構築主義的に再解釈を試みる研究が進展してきている。修正主義と構築主義という潮流の間に置かれたイギリス社会史研究の進もうとしている道は、さまざまな二項対立が張り巡らされた知的マトリックスの中間的領域を突き抜けて、ポスト修正主義という新たなる歴史解釈のパラダイムに到達しようとしているのである。(30)

（1） F. M. L. Thompson (ed.), *The Cambridge Social History of Britain 1750–1950*, 3 vols., Cambridge: Cambridge University Press, 1990.

（2） D. M. Palliser (ed.), *The Cambridge Urban History of Britain*, vol. 1, Cambridge: Cambridge University Press, 2000; Peter Clark (ed.), vol. 2, 2000; Martin Daunton (ed.), vol. 3, 2000.

（3） Adrian Wilson (ed.), *Rethinking Social History: English Society 1570–1920 and its Interpretation*, Manchester: Manchester University Press, 1994.

（4） Victoria E. Bonnel and Lynn Hunt, "Introduction", in Bonnel and Hunt (eds.), *Beyond the Cultural Turn: New Directions in the Study of Society and Culture*, California: University of California Press, 1999. グローバル化のなかでの知の変容をめぐる「文化論的転回」(cultural turn)の一般的性格については、Frederick Jameson, *The Cultural Turn: Selected Writings on Postmodern, 1983–1998*, London: Verso, 2000.

（5） 本書第3章参照。川北稔「「残余の要因」から「全体史」へ」竹岡敬温・川北稔編『社会史への途』有斐閣、一九九五年。坂下史「イギリス近世都市史研究に関する覚え書き」『年報都市史研究』第八号、二〇〇〇年。

（6） 日本での紹介は、古賀秀男「イギリスにおけるヒストリー・ワークショップの運動」『歴史学研究』第四六一号、一九七八年。近藤和彦「民衆運動・生活・意識」『思想』第六三〇号、一九七六年。松村高夫「イギリスにおける社会史研究とマルクス主義史学」『歴史学研究』第五三二号、一九八四年。

（7） Keith Thomas, "The Tools and the Job", *Times Literary Supplement*, 7 April 1966 ('New Ways in History'), pp. 275–276. ケンブリッジ学派の日本での紹介は、斎藤修編著／ピーター・ラスレットほか著『家族と人口の歴史社会学――ケンブリッジ・グループの成果』リブロポート、一九八八年など。

（8） 最近にいたるイギリス歴史学の展開に関しては、以下を参照。Adrian Wilson, "A Critical Portrait of

English Social History", in Wilson (ed.), *Rethinking Social History*; R. J. Evans, "Prologue: *What is History?* – Now", in David Cannadine (ed.), *What is History Now?*, London: Palgrave Macmillan, 2002(平田雅博ほか訳『いま歴史とは何か』ミネルヴァ書房、二〇〇五年); Peter Mandler, *History and National Life*, London: Profile Books, 2002.

(9)　Keith Wrightson, "Enclosure of English Social History", in Wilson (ed.), *Rethinking Social History*.

(10)　Alan Macfarlane, *The Origin of English Individualism: The Family, Property and Social Transition*, Oxford: Basil Blackwell, 1978(酒田利夫訳『イギリス個人主義の起源――家族・財産・社会変化』リブロポート、一九九〇年); W. D. Rubinstein, *Elites and the Wealthy in Modern British History: Essays in Social and Economic History*, Brighton: Harvester, 1987; J. C. D. Clark, *English Society 1688–1832: Religion, Ideology and Politics during the Ancien Regime*, Cambridge: Cambridge University Press, 1985(2nd edition, 2000).

(11)　A. L. Morton, *A People's History of England*, London: Victor Gollancz, 1938(鈴木亮・荒川邦夫・浜林正夫訳『イングランド人民の歴史』未来社、一九七二年); E. P. Thompson, *The Making of the English Working Class*, London: Victor Gollancz, 1963(市橋秀夫・芳賀健一訳『イングランド労働者階級の形成』青弓社、二〇〇三年); Patrick Curry, "Toward a Post-Marxist Social History: Thompson, Clark and beyond", in Wilson (ed.), *Rethinking Social History*, pp. 180–181.

(12)　Hayden White, *Metahistory: The Historical Imagination in Nineteenth-century Europe*, Baltimore: Johns Hopkins University Press, 1973; Hayden White, *The Content of the Form: Narrative Discourse and Historical Representation*, Baltimore: Johns Hopkins University Press, 1987; Carlo Ginzburg, *History, Rhetoric and Proof*, Hanover: University Press of New England, 1999(上村忠男訳『歴史・レトリック・立証』みすず書房、二〇〇一年).

(13) Harvey J. Kaye and Keith McClelland (eds.), *E. P. Thompson: Critical Perspectives*, Oxford: Polity Press, 1990.

(14) Gareth Stedman-Jones, "Rethinking Chartism", in Stedman Jones, *Languages of Class: Studies in English Working Class History, 1832-1982*, Cambridge: Cambridge University Press, 1983(拙訳『階級という言語――イングランド労働者階級の政治社会史 一八三二―一九八二』刀水書房、二〇一〇年); Patrick Joyce, *Visions of the People: Industrial England and the Question of Class, 1840-1914*, Cambridge: Cambridge University Press, 1991; Patrick Joyce, *Democratic Subjects: The Self and the Social in Nineteenth Century England*, Cambridge: Cambridge University Press, 1994; James Vernon, *Politics and the People: A Study in English Political Culture c. 1815-1867*, Cambridge: Cambridge University Press, 1993; Ernest Laclau and Chantal Mouffe, *Hegemony and Socialist Strategy: Toward a Radical Democratic Politics*, London: Verso, 1985(山崎カヲル・石澤武訳『ポスト・マルクス主義と政治――根源的民主主義のために』大村書店、一九九二年).

(15) Alan Kidd and David Nicholls (eds.), *The Making of the British Middle Class?: Studies of Regional and Cultural Diversity since the Eighteenth Century*, Stroud: Alan Sutton, 1998.

(16) Alan Kidd and David Nicholls (eds.), *Gender, Civic Culture and Consumerism: Middle-class Identity in Britain, 1800-1940*, Manchester: Manchester University Press, 2000.

(17) Peter Earle, *The Making of the English Middle Class: Business, Society and Family Life in London, 1660-1730*, Methuen, 1989; Penelope Corfield, *Power and the Professions in Britain, 1700-1850*, London: Routledge, 1995; Jonathan Barry and Christopher Brooks (eds.), *The Middling Sort of People: Culture, Society and Politics in England, 1550-1800*, Basingstoke: Macmillan, 1994(山本正監訳『イギリスのミドリン

グ・ソート――中流層をとおしてみた近世社会』昭和堂、一九九八年）．こうした中間層論を大塚史学の枠組みで受容したのが、関口尚志・梅津順一・道重一郎編『中産層文化と近代――ダニエル・デフォーの世界から』日本経済評論社、一九九九年。

（18）R. J. Morris, *Class, Sect and Party: The Making of the British Middle Class, Leeds 1820–1850*, Manchester: Manchester University Press, 1990; Dror Wahrman, *Imagining the Middle Class: The Political Representation of Class in Britain, c. 1780–1840*, Cambridge: Cambridge University Press, 1995; 拙稿「イギリス産業革命期における都市ミドルクラスの形成」『史学雑誌』第一〇五巻一〇号、一九九六年（拙著『イギリス福祉国家の歴史的源流――近世・近代転換期の中間団体』東京大学出版会、二〇一四年、所収）。下層中間層に関しては、Geoffrey Crossick and Heinz-Gerhard Haupt(eds), *The Petite Bourgeoisie in Europe 1780–1914: Enterprise, Family and Independence*, London: Routledge, 1995.

（19）Perry Anderson, "The Origins of the Present Crisis", *New Left Review*, no. 23, January-February 1964（米川伸一訳「現代イギリス危機の諸起源」『思想』第四九八・五〇一号、一九六五・一九六六年）; Martin Wiener, *English Culture and the Decline of the Industrial Spirit*, Cambridge: Cambridge University Press, 1981（原剛訳『英国産業精神の衰退――文化史的接近』勁草書房、一九八四年）; W. D. Rubinstein, *Capitalism, Culture and Decline in Britain: 1759–1990*, London: Routledge, 1993（平田雅博他訳『衰退しない大英帝国――その経済・文化・教育：一七五〇―一九九〇』晃洋書房、一九九七年）; John Seed, "The Failure of the English Middle Class: A Critique", in Janet Wolf and John Seed(eds.), *The Culture of Capital; Art, Power and the Nineteenth-century Middle Class*, Manchester: Manchester University Press, 1989.

（20）Leonore Davidoff and Catherine Hall, *Family Fortunes: Men and Women of the English Middle Class*, London: Hutchinson, 1987（2nd edition, 2002）．この二〇〇二年版の'Introduction'が、この間のジェンダー史

研究の動向を的確に整理している。

(21) Joan Scott, *Gender and the Politics of History*, New York: Columbia University Press, 1988(荻野美穂訳『ジェンダーと歴史学』平凡社、一九九二年); Catherine Hall, "Politics, Post-structuralism and Feminist History", *Gender and History*, vol. 3, no. 2(Summer 1991).

(22) Amanda Vickery, "The Neglected Century: Writing the History of Eighteenth-century Women", *Gender and History*, vol. 3, no. 2(Summer 1991); Amanda Vickery, "Historiographical Review: Golden Age to Separate Spheres? A Review of the Categories and Chronology of English Women's History", *Historical Journal*, vol. 36, no. 2(June 1993).

(23) Amanda Vickery, *Gentleman's Daughter: Women's Lives in Georgian England*, New Haven, Conn.: Yale University Press, 1998.

(24) John Tosh, "The Old Adam and the New Man: Emerging Themes in the History of English Masculinities, 1750–1850", in Tim Hitchcock and Michèle Cohen(eds.), *English Masculinities 1660–1800*, Harlow: Longman, 1999; John Tosh, *A Man's Place: Masculinity and the Middle Class Home in Victorian England*, New Haven, Conn.: Yale University Press, 1999.

(25) John Seed, "Knowledge, Power and the City since 1700: Conference Report", *Social History*, vol. 27, no. 1 (January 2002); Robert J. Morris and Richard Trainer(eds.), *Urban Governance: Britain and beyond since 1750*, Aldershot: Ashgate, 2000.

(26) Simon Gunn and Robert J. Morris(eds.), *Identities in Space: Contested Terrains in the Western City since 1850*, Aldershot: Ashgate, 2001; C. Y. Ferdinand, *Benjamin Collins and the Provincial Newspaper Trade in the Eighteenth Century*, Oxford: Clarendon, 1997; Rosemary Sweet, *The Writing of Urban Histo-*

ries in Eighteenth-century England, Oxford: Clarendon, 1997.

(27) Steve Hindle, *The State and Social Change in Early Modern England*, Basingstoke: Palgrave, 2000.

(28) アソシエーションの具体的作品としては、拙稿「アソシエーションの社会的起源」『西洋史論集』第四号、二〇〇一年。同「産業革命期のモラル・リフォメーション運動」『思想』第九四六号、二〇〇三年（拙著『イギリス福祉国家の歴史的源流』所収）。Martin Gorsky, *Patterns of Philanthropy: Charity and Society in Nineteenth-century Bristol*, London: Royal Historical Society, 1999; Simon Gunn, *The Public Culture of the Victorian Middle Class: Ritual and Authority in the English Industrial City, 1840-1914*, Manchester: Manchester University Press, 2000; Anne B. Rodrick, *Self-help and Civic Culture: Citizenship in Victorian Birmingham*, Aldershot: Ashgate, 2004 などを参照。

(29) Miguel A. Cabrera, *Postsocial History: An Introduction*, Oxford: Lexington Books, 2004.

(30) 一九九〇年代後半以降、いくつかの研究分野では、「ポスト修正主義」段階の定式化がなされつつある。この点については、稿をあらためて具体的に論じることにしたい。

第2章　民衆文化史の変遷
——「経験」から「物語」への転回

はじめに

イングランドの労働者階級は、労働者の歴史を語るうえでの比較の参照点を提供してきた。実際のところ、近代イングランドの歴史は、階級闘争や階級意識といった新たな理論の特権化された試験場となり、「近代産業」や「プロレタリア革命」など近代化論やマルクス主義の理論の定式化にあたっても、最初の実証的基礎になった。したがって、すでにこの領域における歴史研究はつくされた感もある。また他方で、東欧革命やソ連邦の解体によって、歴史の「変革主体」としての労働者階級への関心も薄れてしまったかのようである。しかし、多くの歴史研究がそうであるように、時代状況も変化し、方法や理論も進化するなかで、労働者階級の歴史も再び関心を集めるようになっている[(1)]。本章は、そうしたイギリス労働者文化の歴史に対して、メタレヴェルでの考察を行なおうとするものである。

戦後イングランドの労働者文化をめぐる歴史叙述は、いくつかの段階を経て推移している。ここでは、その代表的な三つの著作の検討を通じて、あわせて現代歴史学の到達点を明確にすることにしたい。具体的にいえば、戦後イギリス史学の金字塔的な作品であるエドワード・トムスン『イングランド労働者階級の形成』(一九六三年)を嚆矢として本格的な労働者文化の研究が始められ、その後、ギャレス・ステッドマン＝ジョーンズ『階級という言語』(一九八三年)では言語論的転回を遂げることになるが、現在では、個人を起点に歴史を再解釈する傾向が強まりつつあり、ミクロなパーソナル・ナラティヴをめぐる議論が注目を集めている。最後に、その実験的な作品であるキャロライン・スティードマン『マスターとサーヴァント』(二〇〇七年)を取り上げて、イギリスにおける労働者文化史のもつ射程を明らかにしたい。

一　文化的マルクス主義

背景

一九六三年に刊行されたエドワード・トムスンの『イングランド労働者階級の形成』(以下、『形成』と略)[2]は、文字通り古典の名に値する傑作である。背景は、戦後福祉国家の熱狂が去り、初期ニューレフトによる福祉国家体制への批判がわき起こってくる時代である。ニューレフト運動は、一九五六年以降のスターリン批判や核廃絶運動などに基盤をもつ。福祉国家の官僚制化に対する批判を行ない、大衆が消費社会のなかで政治的無気力に陥っているとして、イングランドの土着の伝統のなかに闘う民衆の姿を復権しようとするものであった。トムスンは、レイモンド・ウィリアムズらとともに労働者教育運動に携わっていたが、こうした労働者との直接的接触がその文化への内在的理解を促していったとされる(3)。

トムスンとウィリアムズは、ケンブリッジ大学の出身であり、彼らの資本主義批判もケンブリッジの道徳批評の伝統を継承している。トムスンの前著『ウィリアム・モリス』(一九五五年)は、ロマン主義者モリスの資本主義批判に見られる道徳性の問題を取り上げた作品であり、正統派マルクス主義のなかでは空想的社会主義として批判されてきたモリスの復権を試みたものであった。こうした主体のモラルを重視する姿勢は、マルクス主義の経済決定論や近代化論に対する批判として有効性をもっている。とりわけトムスンが重視したのは、「経験」というカテゴリーであり、それは、経済決定論と政治決定論の双方がもつ歪みを是正していく概念であった。「階級」とは、現実に生きた人びとの共通の経験の結果として創出されてくるもので、「階級意識」とは、経験を固有の文化的スキーマ(認識論的枠組み)のなかで受容して生み出されるというのである。

『イングランド労働者階級の形成』(一九六三年)

トムスンによれば、イングランド民衆の文化的伝統は、三つの要素からなる。第一に、プロテスタント非国教徒の伝統である。一七世紀の革命の敗北によって現実の千年王国から退却したユートピア思想がジョン・バニヤンによる『天路歴程』などのテクストを通じて保持されていた。第二に、群衆行動の経験であり、食糧蜂起に見られるモラル・エコノミーの観念による直接集団行動の伝統が組織労働者の前提をなす。第三は、「自由に生まれついたイングランド人」という観念で、古来、イングランド人の不可侵の自由な領域が存在した、とする。こうした思想や実践の伝統が融合するところに、民衆の主体形成の前提となる文化的スキーマが成立するというのである。これらがフランス革命の影響下に先鋭化して「ロンドン通信協会」に見られるように政治参加への権利を要求するところから、階級形成の過程が始まる。

「階級」は共通の経験を通じて生み出されるというが、そのコンテクストを提供したのが「産業革命」であった。トムスンにとっての産業革命は、民衆にとっての貧困と搾取の強化を意味している。だが、トムスンは産業革命の断絶性ばかりに目を向けているわけではない。たしかに、産業革命は工場制度などの新規な事象をもたらした。しかし、一九世紀前半の抵抗運動は、エンクロージャにより共有地を追われた農民、工場制度の狭間で生き延びる仕事場の職人、機械の導入により没落を余儀なくされた手織工など、伝統的なモラル・エコノミーの論理に基づく民衆によって担われていた。農村文化やメソディズムによって提供される共同体感覚は、友愛組合などの労働者の結社を誕生させる。トムスンは、こうした流動化した社会状況のもとでの文化的な連続性を強調している。

産業革命のもたらす「搾取」という共通の経験を基盤にして階級意識を育んでいったのが、フランス革命以降の民衆運動とイデオローグによる理論化の過程であった。「ロンドン通信協会」が衰退して、ジャコバン主義は退潮するが、ロンドンの選挙区で急進派が議席を守り、あるいはシェフィールドなどの熟練職人コミュニティでは非合法活動を展開して、ラダイト運動も民衆のモラル・エコノミーの発現と解釈される。民衆の議会改革運動を弾圧したピータールーの虐殺以降、労働者も独自の政治的綱領を掲げるようになり、資本主義の搾取に関する定式化もウィリアム・コベットやロバート・オーウェンにより行なわれる。『形成』の終点は、選挙法改革の時期の革命的状況であり、貴族や中産階級との関係のなかで固有の利害を認識した労働者は、階級としてのアイデンティティを確立していったとされるのである。

批判と論争

『形成』の刊行直後から、トムスンは文化主義である、言いかえれば、客観的な経済的実態や政治的現実よりも、文化や思想に重点を置いているとして批判されることになった。具体的にいえば、トムスンは工場制度の意義を過小評価し、労働者階級の「全体的な職業構成」に配慮することなく、「極めて例外的な」職業部門を主要に扱っているがゆえに労働者階級全体の記述としては粗雑なものになっている。また一八三〇年代に労働者階級が形成されたとするならば、チャーティズム敗北後の時代との「断絶」は、どのように説明されるのか。これらの論争に共通するのは、「階級」をめぐる主体的で内面的な要因と、客観的で外的な要因のどちらを重視するのかという問題であった。トムスンによる反論の要点は、自分への論難を逆に「経済主義」として批判することにあった。この文化主義と経済主義との緊張関係は、マルクス主義の土台―上部構造モデルへの内部からの批判を促進して

いったのである。(4)

他方、ジョーン・スコットをはじめとして、トムスンのイメージする労働者階級が男性家父長的なものであり、女性への視点が欠落しているとの批判が加えられてきた。(5) 近年は、キャロライン・ステイードマンが、トムスンの描く労働者階級の集合的主体が前提としている無意識レヴェルでの物語の構造の問題性を明らかにしている。つまり、トムスンの語る主体の「感性」や「イデオロギー」が、「苦難の自己」というメロドラマとして構成されているというのだ。しかし、必ずしも労働者階級の共同体は、こうした「苦難の物語」を経験した男女によってのみ構成されているわけではない。だとすれば、こうした共通の経験をもたない男女には、歴史のなかでどのような役割が与えられるのであろうか。新世代のフェミニスト史家にとっては、トムスンの階級形成の物語に収斂しない労働者のあり方が、問題となったのである。(6)

二　言語論的転回

背　景

トムスンをニューレフト第一世代とすれば、それに続くのが、一九六〇年代後半に登場する第二世代の研究である。第二世代の特徴は、大陸のマルクス主義に目を向け、フランクフルト学派や構造主義的マルクス主義などの理論を導入して、イギリスの経験主義的思考の限界を乗り越えようとしたところにある。具体的には、歴史家のペリー・アンダーソンなどの名前があげられるが、彼らは、フェビアン社会主義のみならず、第一世代のイングランド中心主義にも批判の矛先を向けた。一九七〇年代には、第一世代と第二世代との間で論争が繰り広げられることになるが、一九七〇年代には台頭しつつあった新保守主義《ニューライト》への対抗を余儀なくさせられた。サッチャリズムは、その後のニューレフトの衰退に深く影を落としている(7)。

ステッドマン＝ジョーンズは、一九七〇年代にはラファエル・サミュエルらとともにヒストリー・ワークショップ運動を展開してきた。世代的にはニューレフト第二世代に属し、構造主義の影響を強く受けることになるが、厳密な理論的立場は折衷主義であり、第一世代と第二世代との架橋を行なったと評価されることもある(8)。作品としては、ロンドンのイースト・エンドにおける中産階級の慈善活動を取り扱った『見捨てられたロンドン』(一九七一年)があり(9)、最近の作品『貧困の終焉?』(二〇〇四年)は、社会民主主義の起源をフランス革命期のペインやコンドルセらの思想に探ろうとするものであった(10)。だが、彼の代表的な作品は、イギリス社会史の言語論的転回を象徴する著作となった『階級という言語』である(11)。

『階級という言語』(一九八三年)

『階級という言語』は、多様な系譜をもつマルクス主義の論争の状況に介入を試みた実践の書である。労働者文化という観点から見ると、この書物が「民衆娯楽」をめぐる論争をひとつの軸として構成されていることがわかる。余暇や娯楽の社会史は、一九七〇年代の社会史研究において流行となったが、この娯楽をめぐっては二つの異なる解釈の間で論争が繰り返されていた。ひとつは、娯楽を労働者階級の文化的表現と見なす立場であり、それは民衆運動の社会的基盤をなすものとする見方で、階級闘争史観に組み込まれることになった。他方で、娯楽や余暇を上からの社会統制と見なす考え方である。社会統制は、近代化論に起源をもつものであるが、民衆の娯楽を正常な規範からの「逸脱」に対する調整装置と捉えることになった。

ステッドマン＝ジョーンズは、みずからの理論的立場を、一九世紀半ばの北部産業都市オウルダムにおける急進主義運動の解体をめぐる分析のなかで展開していく。オウルダムに関しては、ジョン・フォスターによる優れた研究書『階級闘争と産業革命』(一九七四年)[12]が刊行されており、フォスターは、労働者内部での特権的階層(労働貴族)の台頭、ブルジョワ中産階級による自由主義的な対応(社会統制)が労働者の体制内化を促進したという。中産階級による上からの社会統制の試みに対して、それに共鳴する社会集団としての労働貴族が登場したという解釈を提示している。これに対して、ステッドマン＝ジョーンズは、こうした社会史的解釈から距離をとり、何よりも生産の場における労働者への管理統制が強化されたことに急進主義運動解体の原因を求めている。マニュファクチュア段階に見られた「形式的包摂」とは異なるかたちの、「実質的包摂」という「目に見えない構造」が構築されていったというのである。

一九世紀末ロンドンのミュージックホール文化も、こうした視点から解釈される。世紀末ロンドンは、階級的分離が進展する一方、キリスト教福音主義の影響を受けた中産階級によるイースト・エンドのスラム街への伝道活動が開始される。功利主義や福音主義的価値を刻み込まれた禁酒運動や倹約クラブなどの「社会統制」は失敗に終わるが、それを象徴するのが享楽的で利那的なミュージックホールの文化の隆盛であった。ミュージックホールはロンドン発の独特な文化であり、それは北部工業地帯に見られるフットボールやうたごえ運動、友愛組合などのプロレタリア文化とは対照をなす。背景にあるのは、工場の発展を見ない小規模生産を基盤とするロンドンの産業構造であり、小生産者が上昇と没落を繰り返す不安定で不定形な社会構造であった。チャップリンやダン・レノに代表される芸人のパフォーマンスも、幸運や偶然性が支配する日常性の構造の反映であったのだという。

第二次世界大戦後の福祉国家体制は、こうした独自の労働者文化を蝕んでいった。カーストのように超えがたい溝として存在していた階級制度の下にいた労働者階級に、手厚い社会保障と教育制度によって社会的上昇を遂げる回路が与えられる。また戦後の経済的ブームのなかで消費主義の浸透は、ジーンズやロック音楽に象徴されるポップ・カルチャーを生み出し、「教会、労働組合、友愛組合、社会主義政治」あるいは「パブ、労働者クラブ、レース場、ミュージックホール」という労働者文化が、アナクロニズムの色彩を帯びることになった。労働者階級意識をもたない下層中間層への上昇を遂げた社会集団にとって、もはや「階級という言語」は意味を失いつつあったのである。一九七〇年代以降のイギリス政治の変容の基底にあったのはこうした社会変化であり、サッチャリズムや労働党の「第三の道」戦略は、それへの応答であったということができる。

『階級という言語』はマルクス主義の根幹に関わる労働史や社会史の領域において言語論的転回を提起するもので、鋭い批判と論争が惹起された。批判は、主として二つの立場から展開された。ひとつは、伝統的なマルクス主義の立場からで、階級の基礎となる物質性、政治史を規定する「社会的なるもの」の役割を再考するものであった。もうひとつは、ポストモダンの立場からで、『階級という言語』で提出された言語論的転回の成果をさらに発展させようとするものであった。たとえば、チャーティズムの言語論的解釈の成果は、一九世紀労働運動史に応用されて、当時の労働者のアイデンティティが階級意識に基づくものではなく、「人民」観念に依拠するポピュリズムであり、「国制」観念に依拠する立憲主義的運動であったことを明らかにしている。(13)

言語論的転回の牽引者と見なされていたステッドマン＝ジョーンズも、一九九〇年代以降、ポストモダンの立場とは距離をとるようになっていった。言語論的転回は、マルクス主義の発展段階論と経済還元論を批判したことでは正しかったが、言語決定論というかたちでの還元論的思考が連続することになったというのである。アナール学派や構造主義に共通するのは、「作者の死／主体の死」であり、マルクス主義の不完全な超克としての還元論的思考の連続性が、言語論的転回以降の歴史学の停滞と行き詰まりの原因とされた。(14)その後、言語や象徴などの記号体系の拘束性を強調する構造主義によって簒奪されてしまった主体を復権して、歴史的変化を描こうとする傾向が台頭してくることになった。次にあげるパーソナル・ナラティヴをめぐる議論は、こうしたコンテクストのなかで登場することになる。

三　パーソナル・ナラティヴ

背景

パーソナル・ナラティヴとは何か。一例としては、オーラル・ヒストリーとしての個人史の聞き語りがあげられる。だが、オーラル・ヒストリーは、その対象とする時代が語り手との関連で限定され、現代史に集中してきた。最近のパーソナル・ナラティヴは、自叙伝や日記、書簡など、エゴ・ドキュメント(自己文書)と呼ばれる一人称で書かれた史料一般にまで対象を拡大して、カヴァーする時代を近代史や近世史、中世史にまで拡大してきている。それはまた、個人や主体を不可視化してきた構造主義的な言語論的転回への反発から、「主体」や「自己」などの諸カテゴリーが再検討されていることを背景に登場してきている。パーソナル・ナラティヴ論によれば、「個人」としての「主体」は「構造」のなかで「自己」を構築するものとされ、そのプロセスを明らかにするためには、自伝や日記、書簡などの「個人の語り」は格好の素材を提供するというのである。(15)

キャロライン・スティードマンは、一九四七年生まれのフェミニスト史家であり、歴史の聞き語り運動としてヒストリー・ワークショップ運動に参加して民衆史の発掘を行なってきた。スティードマンの名前を一躍有名にしたのは、みずからの母親の聞き語りを行なった作品『善き女性のための光景』(一九八六年)であった。(16) 一九五〇年代ロンドンの労働者階級地域を舞台に、「子沢山で献身的な」伝統的な労働者階級の母親像から逸脱し、やがて保守党の党員にまでなった母親のライフヒストリーを再構成したこの作品は、母親のパーソナリティを幼年期の経験によって刻みこまれた「妬みの心理学」に求め、それを発掘するための「考古学」を提唱するものであった。この『善き女性のための光景』は、パーソナル・ナラティヴ論による歴史作品の傑作として古典的地位を占めることになる。

『マスターとサーヴァント』(二〇〇七年)

そのスティードマンが、パーソナル・ナラティヴ論の地平を拡大しつつ、さらなる実験的な試みを行なっている作品が『マスターとサーヴァント』(二〇〇七年)である。(17) 舞台となるのは、エミリー・ブロンテ『嵐が丘』(一八四七年)の背景ともなっているヨークシャの農村地帯。最近の研究が明らかにしているように、この地域では産業革命が展開しつつあるなかで、緩慢とした過程ではあるが社会の変容が進行しつつあった。この地域の没落していく手織工は、トムスンが『形成』のなかで中核的な位置を占める集団として描き出したものである。これに対してスティードマンが取り上げるのは、労働者階級のなかで最大の規模を占める集団であるが、アダム・スミスやマルクスによって非生産的なサーヴィス産業に従事するものとして無視され周辺化されてきた、女性の家内奉公人《サーヴァント》という存在であった。

主たる登場人物は、高齢のイングランド国教会の聖職者ジョン・マガトロイド、そのもとでの家内奉公人である独身女性フォーベ・ビートソンの二人である。物語は、牧師の家に出入りしていた青年ジョージ・ソープをめぐって発生したスキャンダルを中心に展開していく。フォーベは、すでに齢三〇歳を超えており、一八歳の時から牧師館に住み込みながら働いていた。牧師館に出入りする若き青年の「誘惑」によって妊娠、娘エリザベスを出産する。この牧師の家で発生した「醜聞」に対して村人たちは、彼女の「相手」が誰であるかを追求、そして「犯人」を突き止める。だが、ジョージは認知せず、途方に暮れた牧師は、赤ん坊とフォーベを自宅に引き取り、亡くなった時には、遺産まで残したというものである。この小さな村で起こった些細な「事件」は、どのような意味をもっているのであろうか。

当時、スキャンダラスな「未婚の母」への処遇をめぐっては、二つの支配的な物語が存在していた。ひとつは、教会における言説である。婚姻外の性交渉は禁止されており、「逸脱」に関しては厳しい道徳的制裁が待っていた。もうひとつは、救貧法に関わる言説である。旧救貧法のもとでは、非嫡出子の生活費は教区が負担しなければならなかった。非嫡出子の父親をめぐって私事に介入する「詮索」が続けられたのには、教区の経済的負担を軽減しようとする有産階級エリートの意図が隠されていた。ジョージが認知して結婚しなければ、フォーベは牧師の家から追放されてしまうか、教区の負担で生活するのか、この二つの道しか残されていなかった。これに対して、牧師がとった行動は寛大な処置というもので、二人の親子に対する「愛情」さえ示したのである。それは、牧師が伝統社会の規範から「逸脱」する行為に踏み切ったことを意味している。

それでは、なぜ牧師は、伝統的な規範意識から離脱していったのであろうか。スティードマンは、牧師による日記を執筆するという行為が、支配的な言説と交渉しながら、近代的な「自己」を立ち上げる契機となったという。そして、牧師の日記は、語り手の視点から外側の世界を見る手段となり、「自己」が構築される過程での動機や感情を発見するための媒体となる。牧師は、保守的な国教会神学とは異なり、魂が意思や理性をもつという啓蒙的キリスト教を信奉していた。また原罪と贖罪を強調する福音主義とは異なり、赦し、憐憫、隣人への愛を重視した。厳格なカルヴァン派の性道徳とは違い、「誘惑に負けた」女性が売春宿街を徘徊するような存在に零落してしまうことを恐れた。親子に示した愛情とは、ロマン主義的「愛」ではなく、共同体の一員としての「愛」であった。

『マスターとサーヴァント』における語りの主体は、イングランド国教会の聖職者であり、サーヴァントである女性は、いわば語ることのできない「サバルタン」として登場する。スティードマンは、姉妹編ともいうべき『失われた労働』(二〇〇九年)を執筆して、産業革命期イングランドのサーヴァントをめぐる言説の全体像を余すところなく再構成していく。[18] そこでも、マスターに人格的に従属するとされていたサーヴァントが法的な主体として認知されたことなどをあげ、その内面的世界を再構築しようとしている。[19] だが、スティードマンが語りの主体の「欠落」を埋めるためにもち出してくるのは、文学作品としての『嵐が丘』であった。『嵐が丘』において語りの主体は、サーヴァントのネリー・ラリーであった。この文学作品とのアナロジーという手法を用いてサーヴァントの「主観性」

(subjectivity)を読み解こうとする試みは、実験的な作品としての同書の面目躍如といったところか。

批判と射程

刊行直後から『マスターとサーヴァント』には、数多くの書評が寄せられることになった[20]。そのほとんどが、好意的な観点からその歴史学的意義を高く評価しようとするものだった。歴史人口学のケンブリッジ学派からは、サーヴァントの情動の変化には、プロト工業化の進行により道徳的抑制が弛緩して、婚姻外妊娠が増加していた社会経済的背景の存在が指摘された。また福祉と貧困を研究する歴史家からは、増加しつつあった非嫡出子をめぐって展開される教区のミクロ政治学が、ほかの地域では殺人事件にまでいたる陰惨な共同体の制裁行為を構成していた点が例示された。さらに文学と歴史学を越境しようとするアプローチからは、ヴィクトリア朝の文学的形象にとって不可欠の位置を占めるサーヴァントの心理的世界についての比較社会史にまで議論を広げようとする評も見られた[21]。

こうした書評は、いずれもが牧師やサーヴァントの「感情の構造」(レイモンド・ウィリアムズ)や最近の文化史研究がいうところの「情動」の領域を問題にしている。スティードマンの「自己」の形成をめぐる「主観性」についての卓抜した議論のなかでは、国教会神学の「神」に対する観念がサーヴァント親子への「愛情」へと拡大されていったとする。しかし、スザンナ・オタウェイによれば、牧師の「愛」は、神学の適用というよりも、他者との関係性のなかで形成される「共感」(empathy)の感情によるものであったとされる[22]。近年の人文社会科学は、この他者への共感の原理に基づく感情の領域の拡大こそが、一八世紀に近代的「自己」を生み出した背景であると共通して主張している[23]。たとえば、リン・ハントによれば、この快楽原則の延長上にある共感の生成が、啓蒙理念とならんで普遍的な基本的人権が成立してくる文化史的な基盤をなすという[24]。

パーソナル・ナラティヴは、「大きな物語」と対比される「小さな物語」のひとつの形態である。トムスンによる「労働者階級の形成」という物語は、産業革命史をめぐるマスターナラティヴを形成してきたが、この女性サーヴァントの物語は、それに収斂しない「小さな物語」であるといえよう。それを紡ぎ出したパーソナル・ナラティヴが明らかにする主体の姿は、システムの狭間に生きて、伝統社会における規範から自由になり、新たな近代的な自己を確立しようとする人間像である。ヨークシャの片田舎に生きた牧師と奉公人は、階級も性も異なる位置にあったが、共通していたのは、伝統と近代の狭間で新たな自己を確立しようとして呻吟する個人の姿だったのである。スティードマンが描き出す歴史的形象は、移行期に生きる現代人の姿を過去へと投影したものであり、優れて現代歴史学の問題意識に基づく歴史実践であった。

小括

最後に、イングランド労働者階級についてのメタヒストリーを通じて明らかとなった論点について若干のまとめを行ない、本章の結びに代えることにしたい。第一に、イギリス労働史が対象とした

「労働者」とは、どのような存在であったのかという点である。トムスン『形成』のなかでの労働者とは、仕事場生産に従事する熟練職人、エンクロージャで共有地を奪われる農民、没落する手織工など伝統的なモラル・エコノミーに立脚する集団であった。ステッドマン＝ジョーンズ『階級という言語』が取り上げた主たる対象は、工場制度が不在のロンドンでミュージックホールに集う都市雑業層、スティードマン『マスターとサーヴァント』は、女性の家内奉公人であり、いずれの場合も、エンゲルス以来、労働者階級の中核的存在として描かれてきた工場プロレタリアートの存在からは慎重に距離を置いている。イギリス労働者階級が、多様な職種や階層から構成されていたことを主張しようとしているのである。

第二に、そこで語られてきた「文化」とは、何を意味していたかという点である。トムスン『形成』は、レイモンド・ウィリアムズの影響を受けて「文化」概念を拡張したことで知られてきた。キリスト教的良心、群衆行動、政治理念。それらは、現代風にいえば文化的スキーマとして論じられるものであった。ステッドマン＝ジョーンズの「文化」とは、ミュージックホールを論じるなかで明らかとなったように、物質的なものから観念的なものまで、言いかえれば、経済審級からイデオロギー的審級にいたるまで、さまざまな要因によって重層的に決定される「構造体」であった。スティードマンのパーソナル・ナラティヴ論においては、「文化」は、トムスンによって集団主義的に論じられていたものとは異なり、個人の内面に立ち入った「情動」の問題として語られる。こうしてみると、イギリス労働者文化をめぐる歴史とは、周辺的な存在の文化を分析するために、常に新たな方法を開拓してきた過程であったといえるように思われる。それはまた、現在進行形でほかの国や地域の研究に対して比較と参照の視座を与え続けているのである。

（1）この間のマルクス主義を中心とした時代状況の変化については、Eric Hobsbawm, *How to Change the World: Tales of Marx and Marxism, 1840-2011*, London: Little Brown, 2011.

（2）E. P. Thompson, *The Making of the English Working Class*, London: Victor Gollancz, 1963（市橋秀夫・芳賀健一訳『イングランド労働者階級の形成』青弓社、二〇〇三年）.

（3）ニューレフト文化に関しては、リン・チュン著、渡辺雅男訳『イギリスのニューレフト――カルチュラル・スタディーズの源流』（彩流社、一九九九年）、ウィリアムズに関しては、高山智樹『レイモンド・ウィリアムズ――希望への手がかり』（彩流社、二〇一〇年）が日本語で読める最も包括的な研究である。

（4）Harvey J. Kaye and Keith McClelland（eds.）, *E. P. Thompson: Critical Perspectives*, Oxford: Polity Press, 1990; Scott Hamilton, *The Crisis of Theory: E. P. Thompson, the New Left and Postwar British Politics*, Manchester: Manchester University Press, 2011.

（5）イギリス労働史研究に対するジョーン・スコットによるフェミニスト的批評は、Joan Scott, *Gender and the Politics of History*, New York: Columbia University Press, 1988, chap. 2-3（荻野美穂訳『ジェンダーと歴史学』平凡社、一九九二年、第二―三章）.

（6）Carolyn Steedman, "Weekend and Elektra", *Literature and History*, 3rd ser., 6, 1997.

（7）Simon Gunn, *Revolution of the Right: Europe's New Conservatives*, London: Pluto Press, 1989, chap. 3.

（8）ステッドマン＝ジョーンズの史学史上の位置については、David Feldman and Jon Lawrence, "Introduction: Structures and Transformations in British Historiography", in Feldman and Lawrence (eds.), *Structures and Transformations in Modern British History*, Cambridge: Cambridge University Press, 2011.

(9)　Gareth Stedman-Jones, *Outcast London: A Study in Relationship between Classes in Victorian Society*, Oxford: Clarendon, 1971.

(10)　Gareth Stedman-Jones, *An End to Poverty?: A Historical Debate*, London: Profile Books, 2004.

(11)　Gareth Stedman-Jones, *Languages of Class: Studies in English Working Class History, 1832–1982*, Cambridge: Cambridge University Press, 1983(拙訳『階級という言語――イングランド労働者階級の政治社会史 一八三二―一九八二年』刀水書房、二〇一〇年).

(12)　John Foster, *Class Struggle and the Industrial Revolution: Early Industrial Capitalism in Three English Towns*, London: Weidenfeld and Nicholson, 1974.

(13)　拙稿「訳者解題――ニューレフト史学の遺産」『階級という言語』(前掲注(11)参照)。

(14)　Gareth Stedman-Jones, "The Determinist Fix: Some Obstacles to the Further Development of the Linguistic Approach to History in the 1990s", in Gabriel Spiegel (ed.), *Practicing History: New Directions in Historical Writing after the Linguistic Turn*, London: Routledge, 2005.

(15)　パーソナル・ナラティヴをめぐる議論は、以下を参照。Martyn Lyons (ed.), *Ordinary Writing, Personal Narratives: Writing Practices in 19th and Early 20th-Century Europe*, Bern: Peter Lang, 2007; Mary Jo Maynes, Jenniffer L. Pierce and Barbara Laslett (eds.), *Telling Stories: The Use of Personal Narratives in the Social Sciences and History*, Cornell: Cornell University Press, 2008; および、本書第4章。

(16)　Carolyn Steedman, *Landscape for a Good Woman: A Story of Two Lives*, London: Virago, 1986.

(17)　Carolyn Steedman, *Master and Servant: Love and Labour in the English Industrial Age*, Cambridge:

Cambridge University Press, 2007.

(18) Carolyn Steedman, *Labours Lost: Domestic Service and the Making of Modern England*, Cambridge: Cambridge University Press, 2009.

(19) マスターとサーヴァントの法的な関係については、森建資『雇用関係の生成――イギリス労働政策史序説』木鐸社、一九八八年。

(20) 主なものをあげると、Leonard Schwarz(*Eighteenth-Century Fiction*, vol. 21. no. 3, 2009); Anna Clark (*Journal of Social History*, vol. 42, no. 1, 2009); Patty Seleski (*Journal of Interdisciplinary History*, vol. 39. no. 3, 2009); Emma Griffin(*English Historical Review*, vol. cxxiv, 510, 2009).

(21) Amy Louise Erickson, "What Shall We Do about Servants?", *History Workshop Journal*, 67, 2009; Melissa M. Mowry, "Reopening the Question of Class Formation", *Eighteenth-Century Studies*, vol. 43, no. 4, 2010.

(22) Susannah Ottaway, "Domestic Servants, Anglican Clergymen, and Happy Endings in the English Industrial Age", H-Albion, H-Net Reviews, February, 2009. http://www.h-net.org/reviews/showrev.php?id = 23037(二〇一六年三月一八日閲覧)

(23) 政治哲学や文学の領域でも、このような「情動」の領域を組み入れたアプローチがなされている。この点については、以下を参照。Charles Taylor, *Sources of the Self: The Making of the Modern Identity*, Cambridge, Mass.: Harvard University Press, 1989(下川潔・桜井徹・田中智彦訳『自我の源泉――近代的アイデンティティの形成』名古屋大学出版会、二〇一〇年); Suzanne Keen, *Empathy and the Novel*, Oxford: Oxford University Press, 2010.

(24) リン・ハントは、一八世紀啓蒙思想のなかで「人権」という思想が生み出される心理的基盤として、ロック以来の快楽原則に基づく「共感」という情動が存在したことを指摘している。Lynn Hunt, *Inventing Human Rights: A History*, New York: W. W. Norton, 2007（松浦義弘訳『人権を創造する』岩波書店、二〇一一年）.

第3章　社会史の転回
——都市史をめぐる考察

はじめに

ヨーロッパの歴史学においてイギリスのネオ・マルクス主義労働史研究やフランスのアナール学派によって開拓されてきた社会史(1)が、一九八〇年代の日本においても人びとの注目を集めたことは言うまでもない。その社会史が志向したのは、政治史や経済史とは区別される歴史の一分野を新たに確立することではなく、歴史をまるごと社会として捉えようとすることであった。最近、この社会史に代わって文化史がその位置を占めようとしているが、これは歴史をまるごと文化として読み解こうとする歴史学として提唱されているのである(2)。

こうした社会史から文化史への重心の移動は、それが断絶というよりは、社会史研究が深化するなかで進められてきたことに注意する必要がある。社会的なものは実体として存在するのではなく、文化現象として存在するという認識にいたるプロセスは、歴史学が学際的傾向を強めていくことと無関係ではなかろう。かつてはマルクスやウェーバーの政治経済理論が歴史研究の認識の枠組みを決定するうえで大きな役割を果たしてきた。しかし、ガブリエル・シュピーゲルの整理によれば、歴史学はこの間、⑴ソシュールの言語学とジャック・デリダらの脱構築論、⑵クリフォード・ギアツに代表される文化人類学・象徴人類学、⑶文芸理論における新歴史主義などの隣接諸科学による挑戦を受けてきたとされる。(3) 歴史学へのインパクトという点からは、これらに、ピエール・ブルデューやアンソニー・ギデンズ、ユルゲン・ハーバーマスの社会理論を加えてもよいが、いずれにせよポストモダンと呼ばれる状況のなかで、歴史学が関係をとり結ぶ隣接諸科学が変化してきていることが見てとれよう。(4)

都市史という歴史のジャンルが、社会史研究を進めるうえで主要なフィールドとされてきたこともまた周知の事実である。それは、都市(ないしは地域・地方)という空間に対象を限定することによって、社会史が目指した全体史に接近することが可能となるからであり、また身分や経済力の相違に基づく社会的階層区分も行ないやすいからであった。こうしたスタンスに対しては、ロジェ・シャルチエによって批判が加えられていることも指摘しておいてよいだろう。この間、歴史認識の三つの基本となっていた、全体史の企て、研究対象の空間的限定、社会的階層区分の優位が自明のものではなくなり、距離を置かれるようになったのである。それらに代わって、シャルチエは日常的行為に着目し、文化事象と社会的現実との新たな関連づけを模索して、テクストの世界・読者の世界を設定し、そこでの意味の創出のされ方を探る。(5) しかし、文化的表象も固有の空間を与えられて初めて意味をもつことになるのであり、社会＝文化史ないし政治文化史として都市史を読み解こうとする試みは、こうした問題にささやかながら答えることになるであろう。

本章では、右に述べたような社会史から文化史へのアプローチの転換、そして都市という固有の場のもつ意味を、近年大きな進展を見せているイギリス都市史研究の動向を紹介しながら考えたいと思う。ただし、筆者の取り扱える時代は、産業革命期以降に限られる。考察は、まず限定された主題から研究の系譜を整理し、次に一九八〇年代における展開を追い、最後にその新たな研究の地平を確定する、という順序で進めることにする。

一　都市社会史研究の系譜――一九五〇〜一九七〇年代

(1)　都市社会学的方法

アメリカ・シカゴ学派の都市社会学に影響を受けながら、イギリス都市社会史研究の指導的役割を果たしてきたのは、エイサ・ブリッグズである。ブリッグズが都市史研究にあたって重視したのは、一八三二年の第一次選挙法改革運動からチャーティスト運動の時代へといたる地域社会運動史研究であった。いずれも、全国的な規模の動員を可能とした「ナショナル」な運動であるにもかかわらず、その運動の様相は、地域ごとに異なる形態をとって現われることに着目したのである。彼は、『チャーティスト運動の研究』(一九五九年)の「序文」で、この点を次のように語っている(6)。すなわち、チャーティズムの時代は鉄道などの交通機関が十分に発展を遂げておらず、地域的個性がまだ残存しており、社会運動の研究もこうした多様性を認識する方向でなされなければならない。その際、地域社会の賃金・地代・物価といった数量的側面のみならず、地域の階級構造、その地方独特の不満、政治指導部の特質、大衆運動の伝統といった政治社会的な側面にも目を向けなければならないというのであった。

具体的には、マンチェスター、バーミンガム、リーズの三都市を比較した議会改革に関する論文のなかにこの観点は生かされている。(7) そこでブリッグズは、選挙法改革をめぐって民衆的急進主義と中産階級急進主義の二つの潮流が各都市において結合と離反を生み出したメカニズムを、経済構造と政治構造の分析を結びつけることによって明らかにしようとする。羊毛工業への機械導入をめぐって、ホイッグ(議会改革派)とトーリー(工場改革派)との政治的対立が見られたリーズに対して、明らかなコントラストをなすのはバーミンガムとマンチェスターである。それぞれの都市において支配的な生産形態が違い、バーミンガムで支配的なのは小規模な仕事場における生産であった。したがって、親方と職人との間の関係は仕事場の緊密性という物理的環境に規定されて協調的であり、これが政治運動にも反映され、トマス・アトウッドの指導下に二つの運動が「バーミンガム政治同盟」に統合されて、議会改革の中心的な役割を果たした。(8) 一方、マンチェスターで支配的なのは工場における生産で、資本と賃労働との対立が明確であり、民衆と中産階級は別個の改革組織をもち、影響力を発揮しえなかった。このようにブリッグズは、労使関係の特質から都市の類型を決定するアプローチをとったのである。都市の経済―社会―政治の関係性を強調して全体史としての都市の歴史を描こうとする視点は、のちにブリッグズ自身によるヴィクトリア期都市の歴史叙述のなかで全面的に展開されるにいたる。(9)

（２）ネオ・マルクス主義労働史的方法

ジョン・フォスターの『階級闘争と産業革命』(一九七四年)[10]は、一七九〇年代から一八四〇年代にいたるイギリス産業資本主義の総体としての発展の過程を扱う。つまり伝統的な生産様式を離脱して工業化が開始されてから、ヴィクトリア期の社会帝国主義へといたる社会構造の変化について、オウルダム、サウサンプトン、サウスシールズの三都市を事例として分析している。とりわけ注目されるのはマンチェスターの衛星都市オウルダムである。そこでは一八二〇・三〇年代には同業組合意識(trade consciousness)から脱却して階級意識(class consciousness)をもつにいたった急進派が、直接行動によって地域行政までも掌握したにもかかわらず、一八四〇年代には労働貴族的な社会構造へと転換するという展開が見られた。

フォスターが労働者の階級意識をはかる指標としているのは、民衆運動の指導者の言説である。しかし、その運動の指導者自身の社会的・職業的分析を通じて明らかとなるのは、居酒屋の主人や商店主などの非プロレタリア的要素が大きな位置を占めていることであった。こうした運動の非均質的な性格、つまり労働者と小ブルジョワとの密接な関係を説明するために行なわれたのが、下位文化のコミュニティ分析である。住民の職業間通婚率と近隣居住者の通婚率の割合を他の都市と比較すると、オウルダムではいずれの数値も高い割合を示し、下層階級の間に社会的同質性が確認される。オウルダムの急進性は、こうした近隣関係を母体とした民衆的コミュニティを背後にもっていたというのである。ここでは、ブリッグズの関心事でもあった社会的分離(social distance)の度合いの問題が、商工人名録・結婚登記簿・遺産目録等の史料を豊富に用いて具体的に分析されている。

一八四〇年代におとずれる労働貴族的社会構造への転換もコミュニティの変化と無関係ではない。オウルダムのブルジョワジーは、急進派の進出という危機に対して、成人教育、日曜学校、教会などの権威システム、そして綿紡績や機械工業部門での差別賃金の導入といった「自由主義的」対応によって急進主義を解体し、労働貴族と呼ばれる階層を人為的に作り出していった。都市の労働貴族研究という分野は、ジェフリー・クロシック、ロバート・グレイといった人びとによって発展させられていく(11)。都市の階級構造をブルジョワ―労働者の二階級モデルで捉えた伝統的マルクス主義とは異なり、労働貴族や小ブルジョワジーを加えた三極構造で捉えようとしている点は新たな試みであったと言えよう(12)。

(3) 都市政治・行政史的方法

労働党政権に体現されるフェビアン社会主義の勝利への道程として一九世紀イギリス史を捉える、いわゆるウェッブ史観において、一八三五年の都市自治体法は、地方都市政治上の「革命」として捉えられてきたが(13)、この見解はいくぶん修正が必要なようだ。

E・P・ヘノックの一九七三年の著書(14)は、リーズとバーミンガムの都市政治行政史からこの問題に迫っている。リーズでは、一七世紀以来の都市自治体が存在していたが、一八三五年法前後の新旧都市参事会の経済的・職業的構成をみると、多くは銀行家、紡績業者、医者、商人などの中産階級のエリートから成っているという点では変化が見られない。むしろ劇的な変化は、政治的・宗教的側面からやってきた。旧自治体の参事会は、全員がトーリーで国教徒であり国教会体制を支える社団としての役割を担ったのに対して、改革後の自治体参事会では、ホイッグないし非国教徒の進出が著しかった。一八三五年法が産業ブルジョワジーの地主貴族に対する勝利とする階級闘争史観は、あまりにも図式的であった。バーミンガムのような、新たに地方自治体が確立された新興の産業都市では別の問題が存在した。住民の間には都市政治に対して無気力が支配し、新設の都市参事会の人的リクルートが困難であった。これを教育によって意識変革し、都市政治の担い手を輩出するうえで、クェーカーやユニテリアンなど非国教徒の宗教的組織が大きな役割を果たしたとするのであった。

デレク・フレイザーは、ヴィクトリア期の都市政治史を扱った書物のなかで[15]、都市参事会の分析だけでは不十分だとして、教区会・改良委員会等の下位統治機構、都市参事会、庶民院議員選挙、政治的アジテーションの四つのレヴェルで都市政治を捉えることを提唱する。主要な統治機構から排除されていた非国教徒が、一八二〇年代以降、都市の有権者の間で大きな比重を占める商店主や職人などの下層中間階級の利害を組織しながら、教会税やワークハウス建設などの現実的諸問題をめぐって政治化された下位統治機構への進出を果たした。参事会選挙、庶民院議員選挙に勝利するためにも同じ戦略を用いたため、政治党派は都市政治のあらゆるレヴェルで明確に分けられた。それはやはり階級闘争ではなく、家系・宗教の相違に基づく中産階級内部の抗争であった。こうしてフレイザーはヴィクトリア期都市政治の特徴が社会構造と制度的枠組みの相互関係のなかから生み出されたと結論づけるのであった。

この節で紹介した研究は、いずれも都市の社会構造に関心を払いながらも、そのアプローチにおいて異なっている。次節では、そのなかで出された主題に関して、エリート集団と労働者民衆のそれぞれの社会史、そして社会・階級構造の理論の三つに論点を絞り、一九八〇年代における展開を追うことにしよう。

二　都市社会史研究の展開——一九八〇年代

(1) エリート集団の社会史

〈階級闘争から宗派抗争・文化闘争へ〉

都市におけるエリート集団を構成する階級として地主貴族は無視できない。国政レヴェルでのアリストクラシー支配論を受けて都市貴族支配の連続性を重視するデイヴィド・キャナダインのような研究も存在する。[16] しかし、ジョン・シードとジャネット・ウルフの研究が示すように、「二重革命の時代」の産業都市においてジェントルマン的価値観とは区別される中産階級固有の文化が形成され、[17] これを基盤としてイギリスの政治社会の変革がある程度進展したとみることが妥当であろう。ここでは、もっぱら都市中産階級に焦点を当てて考察を進めたい。

この中産階級の集団とその文化の内部的編成に立ち入って見るならば、そこには旧来の階級概念では捉えきれない複雑な問題がはらまれているといえる。もちろん、近年においてもセオドア・コディチェックによるヨークシャの都市ブラッドフォードの研究のように、伝統的な階級概念に依拠して中産階級を固有の産業ブルジョワジーと捉え、共同体の解体から生じる産業ブルジョワが都市政治における地主貴族支配を打ち破っていくという過程を描いたものも存在する。[18] だが、あらかじめ指摘しておくと、一九八〇年代の中産階級研究は、総じて、こうした階級概念の相対化を目指す方向でなされたといえる。

フレイザーが編者となった『自治体改革と産業都市』(一九八二年)に寄稿しているV・A・C・ギャトレルの研究が、この点を深めていくことになる。[19] マンチェスターの一七九〇年代から一八四〇年代にかけての社会的・職業的構成を注意深く観察したギャトレルによれば、従来は地主貴族と同一視されてきたトーリー国教徒もブルジョワと見られたリベラル非国教徒も、銀行家や綿業資本家等の中産階級から構成されており、経済的同質性が見られる。したがって、基本的対立は宗教や家系などの差異に基づくものであり、この間の政治闘争も、階級闘争ではなく宗派抗争であったとする。プロソポグラフィカルな研究は、非国教徒ユニテリアンの社会的結合が教会を通じて形成され、それが婚姻を通じて拡大していったこと、市外からマンチェスターに参入した者に対しても新規事業の開始に際してこの人的ネットワークから融資されていたことを描きだしている。こうしてギャトレルは禁欲的プロテスタンティズムが都市の政治経済に果たす役割に関する従来の見解の修正を迫った。

同じくマンチェスターの非国教徒を扱ったジョン・シードの研究は、イデオロギー分析に重点が置かれる。[20] イデオロギーは、中産階級の団体・実践・言語のマトリックスを通じて生み出され、それ自体が現実を構成する力となるというのだ。マンチェスターのリベラル文化の形成に大きな役割を果たしたユニテリアンは、文芸哲学協会などの出資者となり積極的に参加していくことで、トーリー国教徒に対抗して中産階級内でのヘゲモニーを確立するための「象徴資本」を提供した。民衆に対しては、「貧困は無知と不道徳から生まれる」という観念のもとに有用知識普及協会や職工学校を通じて合理的知識を上から与え、自己改良の機会を提供するという文化戦略がとられる。一八三〇年代からは、より積極的な改良主義に転じ、労働者のコミュニティや家族へ訪問伝道団を派遣するが、「飢餓の四〇年代」には、まさにこの実践を通じて彼らの貧困観が動揺し矛盾をきたしていく。「貧困は、無知や不道徳から生ずるのではない」と。イデオロギーや言説が、地域化された実践・団体・社会関係のネットワークのなかでは首尾一貫した体系をもつことが難しい、との指摘も興味深い。

〈任意団体の研究〉

こうした論文に現われた、中産階級の宗派抗争やイデオロギー分析という視点を射程に収めた大著が、一九八〇年代後半に相次いで刊行された。そのひとつが、リーズにおける中産階級形成を扱ったR・J・モリスの『階級、宗派、党派』(一九九〇年)である。[21] 副題に示される「イギリスにおける中産階級の形成」は、エドワード・トムスンの労働者階級形成論の方法を、中産階級の階級形成のプロセスに適応しようという意図が込められている。[22]すなわち伝統文化に規定されつつも産業革命のコンテクストのなかで共通の経験をもち、共通の利害を認識して初めて階級が形成されるという社会史的・文化史的アプローチの応用である。

モリスの論証は包括的で説得力をもつ。一八二〇年代のリーズでは、羊毛工業への機械の導入をめぐって、労働者による激しい争議や暴動が頻発した。織物製造業者たちは、賃上げや機械導入の中止等の方策をとることを強いられるが、これには、中産階級内部にトーリーとホイッグ、国教徒と非国教徒との間で激しい政治的・宗教的対立が存在していたために統治階級として統一した行動をとれないという背景があった。こうした対立に終止符を打ち、明確な階級意識を形成する母体となったのが、任意団体(voluntary societies)であった。任意団体は、一八世紀の後半から宗教的アイデンティティに基づいて設立されたもので、これが中産階級を私的領域から引きだして公共領域の問題と結びつける媒体となったのである。

リーズの中産階級は、上は商業・金融業者から製造業者、専門職、そして商店主や熟練職人等の下層中産階級にいたる幅広さがあったが、任意団体は彼らに共通の経験を提供した。彼らは日常的に会合をもち、人的結合関係をつくり、さまざまな問題に関する議論を繰り返すことで中産階級としての心性を形成した。実質的にこれらの任意団体を指導したのは、法律家・医師・新聞編集者・牧師などの専門職の人びとで、彼らはイデオローグとして活動の中心となる「有機的知識人」であったのだ。また、寄付者リストを統計的に処理して任意団体の財源を分析すると、商業・金融業者が出資者として大きな比重を占めて、そのヘゲモニーを握っていた。これによって、製造業者が中産階級の中心であるという伝統的なイメージは実証的に覆されている。

任意団体は、宗教的団体が多くを占めたので、教育や救貧の問題に関して、民衆に対する宗派間のまなざしの違いから時には対立を引き起こしていたが、文芸哲学協会の規約が「宗教や政治的立場に関わりなく」という条文を盛り込んだときから階級の論理へと転換を始めた。こうして労働者階級との関係をパターナルな秩序から新しいものへと再構築しようとする方向へと向かった、とモリスは結論づける。

(2) 労働者民衆の社会史

〈都市下層社会の文化〉

ネオ・マルクス主義労働史研究の立場から都市労働者の「階級意識」の分析を行なったフォスターの研究は、たしかに大きなインパクトを与えた。しかし、一九八〇年代の労働者民衆をめぐる議論は、社会史研究や民衆史研究の興隆のなかで、労働過程よりは生活の場での教育・救貧・慈善・余暇などの側面を描きだそうとする方向に向かったといってよいであろう。

都市下層民衆の生活を描きだす研究の嚆矢となったのは、ギャレス・ステッドマン゠ジョーンズの一九世紀後半ロンドンにおける労働者階級文化の「再形成」に関する論文だといえる。(23) ロンドンでは、世紀前半の熟練労働に支えられた労働者文化が衰退し、かつて共同体の社会的結合の中心に位置した居酒屋もその経済的機能を失って娯楽の側面が発達し、ミュージックホールが生まれた。このミュージックホールが労働者の新たな結合の基軸となった。しかしその文化は、ジンゴイズムに表現されたように保守的な側面を見せ、後期ヴィクトリア期の労働者の非政治性はこの文化によって規定されていたという結論を導きだした。

ステッドマン＝ジョーンズの研究に見られる民衆文化の側面は、エドワード・トムスンの問題関心を引き継ぎながら、ピーター・ベイリー、ヒュー・カニンガムによって発展させられてきたものである[24]。他方、政治と文化の関連については、政治が文化によって規定されるといった文化決定論に立つのではなく、ステッドマン＝ジョーンズに見られるように、国家――法や行政、政府の機構や政治秩序――によって規定された対抗勢力の位置関係とその戦略によって決定されるという、政治決定論に傾斜していく。

〈モラル・エコノミー〉

政治文化のコンテクストのなかで民衆文化を論じているのがモラル・エコノミー論である。言うまでもなく、この概念はエドワード・トムスンによって一八世紀イギリス社会の民衆文化ないし政治文化を表すものとされてきたが[25]、近年は地域的に限定しながらより精緻化しようという試みが現われている。

そのひとつが、ジョン・ボーステッドの『イングランドとウェールズにおける暴動と地域政治[26]　一七九〇〜一八一〇年』（一九八三年）である。ボーステッドは、イングランド南西部の農村地帯デヴォン州と都市マンチェスターの比較を通じてモラル・エコノミーを成り立たせる条件を探り出そうとした。一七九〇年から一八一〇年までにイギリスで起こった暴動の分析から、飢餓と暴動との間には相関関係がなく、むしろ暴動の発生頻度と進行は、当該地域の社会的ネットワークと政治過程のあり方に依存していることを示す。群衆行動を可能にした民衆の間での安定的で自律的な社会的結合の存在、暴動の儀礼性を認知している民衆と権力者との互酬的関係の存在、これらが、暴動参加者に利益と代償の見積もりを可能にし、また治安判事が暴動の意味を理解し慎重に対応することを可能にしたというのであった。社会的流動性の少ないデヴォン州では、これらの条件が存在しており、民衆は暴動による交渉を通じて地域政治の重要な要素として組み込まれていた。これに対して、急激な工業化と都市化を経験しつつあったマンチェスターでは、大量の人口流入、手織工の労働争議に見られる階級対立、統治階級内部での宗派抗争、食糧供給システムの変化などによって、モラル・エコノミーの存立する政治的・社会的条件は失われていたという結論に達する。

〈一八〇六年議会報告書をめぐって〉

モラル・エコノミーに関連して、一八〇六年の議会報告書をめぐってジョン・スメイルとエイドリアン・ランドールとの間で行なわれた論争[(27)]は、民衆文化を考えるうえで興味深い論点を提示している。ここではその論争についてやや立ち入って紹介しておこう。

議会報告書の背景となっているのは、一七九〇年以降イギリス羊毛工業において機械の導入が見られ、小生産から工場生産へと移行していく過程である。雇用関係の変化を迫られた小生産者たちがテューダー朝の立法を盾にとって議会への請願を行なう一方で、労働者による機械破壊・脅迫に直面したジェントルマン織物業者は、古い産業規制の撤廃を求めたのである。実態調査を行なう委員会が設けられ、証言をもとに四七四頁に及ぶ議会報告書が作成された。

スメイルは、報告書をひとつのテクストとして分析することを提唱する。そこでの言説は、「証言に立った者たちの社会関係を規定し、正当化する概念・価値・実践であり、羊毛産業を表象し、そのなかにおける自分たちの役割を規定する枠組みを提供する」ものだという。こうして彼は、報告書のなかに二つの異なる言説体系を発見するのだが、それは同業組合的言説(corporate discourse)と資本・賃労働的言説(industrial discourse)と呼ばれるものである。前者は、羊毛工業を問屋制家内工業として問屋商人―親方―職人の三者から構成されているものと捉えた。それは、職人は親方への出世に励み、親方は生産の自律性を保持し、問屋商人は市場での問題に専心することができるという三者に適合的なシステムであり、旧来の慣習の保持を主張する。これに対して産業の保護規制の撤廃を説く論者は、資本・賃労働的言説を対置する。そこには資本―賃労働の明確な分裂が存在し、製造業者と労働者の二つのアクターで羊毛工業が構成されているのである。議会の調査をきっかけに製造業者たちは、資本・賃労働的言説に含意されている階級闘争の現実性を実感し、他方、同業組合的言説による抵抗がヨークシャ州西部のウェスト・ライディングにおける労働者階級意識の生成を促したとして、一八〇六年議会報告の画期性をスメイルは強調する。

これに対してランドールは、『ラダイト以前』[28]（一九九一年）に結実するプロト工業化論を取り入れた産業革命期の地域経済史研究に基づいて、実証的にいくつかの疑問を投げかける。まず、スメイルが同業組合的言説と呼んだ価値体系は親方や職人だけではなく、全く異なる社会経済構造をもつ地域の別の集団にも共有されていたという。彼にしたがえば、一八〇六年報告に見られる対立とは、一方の工場制度を導入しようとする商人資本家、ジェントルマン織物業者、大規模な親方など規制撤廃論者と、他方の問屋制家内工業を支えていた家族関係が解体することへの懸念から伝統的な慣習を保持しようとした職人や小規模な資本家を含む集団との対抗であった。後者の文化の核には、慣習・正義を強調するモラル・エコノミーがあった。第二は、時期区分の問題である。スメイルが指摘するような資本―賃労働の経済的分岐は、議会報告の調査に先立って一八世紀から見られたし、親方層は執拗に小生産者としての自己意識を保持し、そのプロセスは一八三〇年代のトーリー・ラディカルに連なっていく長期的なものであったとして、ランドールは議会報告書の画期性を否定する。

さて、この論争は、どのような論点を提示しているのであろうか。

まず、スメイルの提起した、社会的実態の反映としてよりは言説が人間の意識を決定するものとしてテクスト分析をする手法は、ランドールの批判によって、あらためてテクストと社会的実態《コンテクスト》との関係という問題を浮き彫りにしたといえる。また、ランドールの実証によって、モラル・エコノミーの文化は、その内部に一九世紀はじめのブルジョワ的要因を含んでいたことが明らかになった。規制撤廃論に対抗するため、小資本家と労働者がそれぞれの利害と思惑を込めながらとり結んだ文化だったといえる。したがって、それは狭義の民衆文化とはいえず、どういった状況でどの階層にイニシアテイヴはあったのかという、社会階層と時代の文化の関係が問題となってくるのである。[29]

（3）社会・階級構造の理論

都市でも農村でも諸階級は、独立した実体としてではなく構造として組み込まれていることに注意しなければならない。ブリッグズ以来の都市社会史は何らかの意味でこの問題と格闘しなければならなかった。

〈共同体と近隣関係〉

近年、産業革命期イギリス都市の社会構造ないし社会関係を捉える方法として提起されているのが、「共同体」(community)の概念である。クレイグ・カルフーンは、マルクスやエンゲルスが想定した「階級」とは、一九世紀後半に交通・情報のネットワークが拡大して地域性が打破され、全国的な意識が生じた時点で形成されるものだとする。一九世紀前半のラダイト運動、反救貧法運動、チャーティスト運動などの社会運動は、親密性、安定性、相互依存、財やサーヴィスの共有を特徴とし、その内部に規範をもった共同体を基盤とした運動であって、「階級闘争」とは異質のものであるとし、農村文化との連続性を強調する。イギリスの都市民衆は、都市について、こうした小さな共同体の集合体であるという観念を抱いていたという。[30] ステッドマン＝ジョーンズが指摘したように、都市下層社会においても近隣関係に基づいて共同体が形成されていたのであった。ただ、カルフーンが「共同体」に関して、都市的なものや階級との対比でモラルの側面を過度に強調するのは、都市史において注意しなければならないであろう。次に見るように移行の時代を取り扱えないからだ。

移行の時代における共同体を論じているのが、デヴィド・ガリオッチによるパリ社会の研究である。[31] 一八世紀のパリ民衆は、親族ないし家族、仕事仲間、近隣者、宗教、娯楽といったさまざまな社会的結合のなかで生活を送っており、とくにそのなかでも近隣関係は大きなウェイトを占めた。こうしてカルティエと呼ばれる、都市社会の基底をなす街区がローカルな共同体を形成し、このなかでは社会的な身分を問わず共通の価値観が保持されていたのだが、やがて、共同体内部に生きる諸個人・諸集団は、エリート的な生活様式と共同体的な生活様式という二つの価値観の間での文化的選択を迫られていくことになる。もちろんこの選択は、個々人の社会的・経済的立場によって規定されていた。居酒屋の主人は、ローカルな共同体に基礎をおいていたし、奢侈品生産に携わる熟練職人は、エリートの消費に依存していたであろう。エリート層の共同体からの離脱とパリ社会内部における居住の分離によって、共同体内部にあった二つの価値の分裂が明らかとなった。ここでは、共同体が解体に際して文化的磁場の二つの極に再編成されていく過程が描かれ、共同体の規範力といった問題が時代的に相対化されているのである。

〈労働貴族と小ブルジョワジー〉

フォスターにつづく労働貴族研究は、共同体の議論と階級構造の理論を踏まえて進められた。エリック・ホブズボーム以来、労働貴族を所得水準などの経済的指標でのみ捉えるのではなく、生産点のみならず生活の場も含んだ、労働者の生活の総過程から生まれたものとする、レジャー、成人教育、生活様式などの文化的アイデンティティをも射程に入れた研究に向かった。[32] 階級構造から見た労働貴族をめぐっては、労働平民との間に深淵が存在したのか、あるいは、中産階級の文化と同一のものになってしまったのかという議論が行なわれた。ロバート・グレイは、都市エディンバラを分析の対象として、一九世紀後半の熟練労働者の生活様式、居住地域と社会層との対応関係、労働者の熟練度による結婚類型の差異、労働者のレジャーなどの分析を行なった。[33] ジェフリー・クロシックは、ケント州ロンドンを対象として、労働者の会食、集会、祝祭、飲酒といった生活様式だけではなく、友愛組合、協同組合、教会への参加の度合いを分析した。その結果、労働貴族はヴィクトリア期に中産階級の価値・イデオロギーを受容し共有していたという見解は批判され、同じイディオムを用いている時でもその意味づけは中産階級と異なり、彼ら独自の労働と生活の経験に基づいてなされていたとされた。労働貴族は、中産階級文化の一部を「横領」(appropriation)することでみずからの文化を構成していたのである。こうして労働貴族は中産階級とは異なる文化を有していたのであり、その溝の深さは結婚登記簿から産出した結婚類型の差異からも明らかで、「社会的上昇」は制限されたものであったとする。[34]

同じく都市において中産階級と民衆の中間に位置する階級として、近年注目を浴びているのが小ブルジョワジーである。従来、大陸と違ってイギリスの小ブルジョワが、ナショナルな政治において重要な役割を果たすことがなかった要因は、産業発展のパターンの違いによる経済的基盤の不在と小ブルジョワ意識の発展を阻害した政治社会構造に求められてきた。クロシックは、これを都市史の文脈に位置づけ直している。一九世紀前半に労働者階級とともに急進主義の担い手として登場する小ブルジョワは、チャーティスト運動を境に都市のリベラル政治のなかに統合されていき、断片化された圧力集団として役割を与えられたにすぎない。経済的には、小規模企業家は一九世紀後半にいたっても都市経済の活力源であったが、それは大ブルジョワとの経済的提携のなかで実現された。また商店主は、労働者の家屋の所有者として労働者との経済的連関が強かった。このようにイギリスの小ブルジョワを特徴づけるのは、ブルジョワと民衆に挟まれて階級的性格の曖昧な両義性をもっていたことであったという(35)。

〈社会的磁場の問題〉

こうした中間階級(middling sorts)の階級的性格にアプローチする方法として、エドワード・トムスンの社会的磁場(field of force)の理論が示唆的である(36)。トムスンが食糧暴動・犯罪における民衆儀礼のシンボリズムの研究を通じて明らかにしたのは次のようなことである。一八世紀イギリス国家は官僚的国家機構としては弱体であるために、ジェントリは地域社会の統治にあたって家父長主義者としてのシンボリズムに訴えることが必要とされた。民衆は困窮に陥ると、演劇的な直接行動を用いて仲買い商人たちを攻撃し、ジェントリは地域社会のヘゲモニーを回復すべく弥縫策を行なったのである。一八世紀イギリスはジェントリ－群衆の互酬関係、家父長主義と恭順の均衡のうちに成り立つ構造をもった社会であった。トムスンは電磁石のメタファーをもちいて、この社会構造を貴族・ジェントリと平民とを両極とする社会的磁場をもった二元的構成で捉える。

近年のトムスンに対する批判は、商品流通の発展にともない公共領域に進出しはじめた中間階級の存在を無視しているという点である。中間階級は、平時はパトロネジ関係の網の目のなかに置かれているため社会的上昇をめぐって相互に競争的関係にあり、非常時には食糧暴動のなかに顔をだすというように、二つの磁場のなかで両義的な存在となっていたと捉える。こうした磁場を変えていく力は、工業化によって市場関係がもたらす匿名化が進んでパトロネジ関係が弛緩し、一七九〇年代にフランス革命の影響で中間階級が独自の政治的言説を備え始めた時に発生する。社会を二極構成で捉えて磁場を発見し、その関係(と変化)のなかで中間階級の社会的性格を決定していこうというアプローチは、社会史・文化史研究の進展のなかでますます重要性を帯びてきている。この方法は、一八世紀のイギリス社会のみならず他の時代、地域の社会構造を捉える方法としても有効性をもっているといえるであろう。

三　都市社会史研究の新地平

一九八〇年代の都市社会史研究を総括しようとする作品が、クライヴ・ビハッグ『一九世紀初期の生産と政治』[37]（一九九〇年）である。ネオ・マルクス主義労働史研究者として、すでに刺激的な論文[38]をいくつか発表してきたビハッグは、まさに戦後都市社会史研究の出発点となったブリッグズの研究、とりわけバーミンガムの歴史像——そこでの都市中産階級の勃興と階級間の合意の政治が近代イギリス民主主義発展史のミクロ版として描かれてきた——を、体系的に批判して乗り越え、新たな地平を築くことに成功している。以下、その論点を追うことにしよう。

（1）民衆の共同体——構造

産業革命という時代の変動局面のなかで大きな変容を迫られていく民衆的世界は、どのような構造をもっていたのであろうか。果たしてそれは、ブリッグズが描いたような親方と職人の間に調和的な家父長的関係が存在する牧歌的な世界だったのか。

エンゲルスは、「権威について」のなかで「生産に必要なすべての要素が権威である」[39]と述べている。今日のイメージからするならば、雇用者としての親方が、原料の仕入れ、労働者の雇用、完成品の販売など「生産に必要なすべての要素」の組織者として職人ら労働者への「権威」をもっていたと想像するであろう。この点は、森建資『雇用関係の生成[40]』によって理論的にも支持されているかのようである。森はこの理論的実証書のなかで、近代の雇用関係法において労使双方を自由な契約主体として設定するアプローチからは、雇用者の労働者への指揮命令権の発生のメカニズムを説明しえないとし、コモンロー以来のマスター―サーヴァント関係が近代的雇用関係法に流れ込んでいる、つまり、法律の構造自体が賃金労働者をサーヴァントの地位に追い込んでいるという議論を展開している。

だが、生産過程の実態にそくしていえば、産業革命期においても労働者の自律性が保持されていた。雇用者の権限は、生産過程を誘導し完成品を市場へと出荷することに限られていた。下請制という支配的な労働力編成のもとでは、熟練労働者は労働過程の組織者として生産過程の重要な位置を占める。権威は、労働者の側に存在したのであった。ここに仕事場が、自律的な共同体としての役割を果たしうる条件が存在していたことになる。雇用者は製品さえ完成させてくれれば、仕事場での労働習慣にまで介入するつもりはなかった。こうして、雇用者と労働者との間に、パターナリズムというよりは互酬的な関係が存在していた。雇用者の指揮命令権が発生するには、この互酬関係の構造を破壊して、新たな労働力編成を行なう必要があった。

こうしてみると、工業化の初期においては、雇用者と被雇用者、生産物との関係は、労働過程をめぐる所有権・管理権・権威の問題をはらむものとして再吟味する必要があるであろう。労働者は労働力商品の所有者としてそれを雇用者に売って賃金を受け取るというのが、マルクス『資本論』の論理である。しかし、熟練に基づく出来高制度のもとでは、生産過程において労働者は生産物を「所有」

ないしは「共有」して、それを雇用者に売るという倒錯した観念が成立していた。たとえば、建築業の労働者たちが、生産の工程から出た木材の削りカスを屑屋に売って小遣いにしていたという労働慣行も記録されている。近代的な所有の観念からすれば、明らかにこれは「横領」であるが、彼らにとっては、日常的慣習から導きだされる現実性をもった行為であり、「労働力の所有者」という設定のほうがフィクションであったのだ。さらにいえば、この生産物の「所有者」としての自己認識が、チャーティズムに表現される民主主義運動を発展させる要因であったとする、C・B・マクファーソンの「所有的個人主義」の民主主義論(41)の拡張をそこに読み取ることもできるだろう。

こうした下請制度という労働力編成のもとで、労働者は伝統的な労働習慣を保持することができた。「聖月曜日」という労働の時間に関する観念は、ヨーロッパで普遍的な民衆の文化的習慣であることが明らかにされてきた。その内容については居酒屋で飲酒に耽るというものに限定されず、月曜日が晴天ならばクリケットに興じるというイギリス固有の余暇と結びついたものも存在した。また、しばしば労働は、徒弟年季あけの祝い、結婚の祝いの杯などで中断されることがあった。仕事場に身を置いている時でも、労働に精進していたわけではなかった。この点に関して、バーミンガムの定規製造工の徒弟の興味深い例が紹介されている。彼は、バイロンやシェークスピアの書物を仕事場の椅子のうえに置き、仕事の途中でも読書にいそしむということをしていた。そして、時おり雇用者が仕事の進み具合を見るためにやってくるので、本を隠すための「秘密の箱」まで造っていたという。このように、労働は彼らの独特のリズム、パターンのもとで行なわれており、季節的変動、また天候による変動を受けやすく、たとえば銃製造業では、週毎の出来高は最盛時の一七五五丁に対して最も少ない時は九三丁にすぎなかった。

当時の中産階級は、こうした労働者の「自律性」に対してどのような態度をとったのであろうか。都市空間における社会的分離が進行しつつあった産業革命期にあって、彼らは労働者の家庭に向けて訪問伝道団などを形成し、上から福音主義的なモラルと規律を注入しようとする。また、暴動や急進主義政治、飲酒や退廃の温床となっていた居酒屋へも注意を向けていくが、そのなかにまで踏み込むことはできなかった。それは、一八三九年のバーミンガム市中ブルリング地域における暴動の際、統治階級の物理的力としての警察も街路パトロールを行なうのみで、居酒屋へ立ち入ろうとすると袋叩きにあったことにも示されている。

労働の場が中産階級にとって不透明な空間であったことの原因のひとつは、雇用者の側が外部の者に「だらしない」労働者のいる仕事場を覗かれることを恥としたこともあるが、何よりも労働者自身が外部からの介入を遮断するように仕向けたことが大きな要因であろう。中世以来のギルド的な同業組合への加入の儀式が、内と外とを区別する演劇的な秘儀の役割を果たしていた。加入儀礼と並んで組合員の葬式が壮大に行なわれたことにも注意する必要がある。印象的な黒衣を身にまとった何十人もの行列での葬式には、「多くの仲間と共に生きたものは、その死に際しても多くの仲間によって葬られる」という集団的な価値観が表現されていたからだ。

内部での強固な社会的結合は、当然そこからの逸脱者に対して厳しい制裁が待っていることをも意味していた。儀礼の拒否者、労働争議への不参加者に対しては、一種のシャリヴァリとして民衆的テロルが加えられた。中産階級の新聞には、こうしたテロルを「多数者の少数者に対する専制」として非難する記事とともに、居酒屋文化から離脱して禁酒運動に参加する労働者への賛美の記事がしばしば登場した。「聖月曜日」の消滅過程について論ずるダグラス・リードは、一九世紀半ばから現れる「進歩的・改良的」な雇用者によってさまざまな福利厚生が提供されたことによって、労働者から勤勉と規律ある労働を獲得できたとする。[42]彼は、労働過程での雇用者の側の権威主義的リーダーシップを強調したが、固有の「所有権」を根拠におく自律性を「聖月曜日」の存立基盤とするビハッグは、この逸脱者こそが労働の場の「団結」を内側から解体していった原因のひとつとしたのであった。

一八二〇・三〇年代は、労働の場で儀礼のパフォーマンスが以前にも増して発達してゆく時期である。それは次に見るように、工業化が労働過程の再編を強制し、危機に瀕した労働者の共同体が、伝統的な要素を動員してその価値を保持しようと試みたからであった。

(2) 工業化と小生産——変動局面

バーミンガム社会の基底をなす仕事場生産は、職人が中心となる労働の共同体を形成することが明らかになった。こうした仕事場生産は、工業化のなかでいかなる役割を果たしていたのか。ブリッグズが描いたシナリオは次の通りである。バーミンガムでは大規模な資本投資が存在しないことから、支配的な生産形態は仕事場生産であり、その内部では、被雇用者(職人)から雇用者(親方)への社会的上昇が確認される。そして、定期的に訪れる景気循環の波は、親方―職人の労働の共同体の利害をひとつに結びつけた、と。[43]

ブリッグズの研究は、一九二九年に出版されたG・C・アレンの経済史研究[44]に基づいて進められたともいえるが、そのアレンの依拠する史料は、一九世紀後半のバーミンガム地域の中産階級の手によって編纂された地域経済論集である。[45] ここに寄せられた論文に見られる言説は、バーミンガム地域の大規模製造業者も最初は小さな仕事場生産から出発し、刻苦勉励して工場をもつようになったのだ、だから職人の気持ちも十分に理解している、というような有機体論的メタファーを共通して用いて、小生産者的発展の展望と階級協調関係の必要性を明確に主張している。しかし、こうした言説を発する当の中産階級の多くは、親からの遺産相続や結婚した女性の持参金などによって富を築いた人物であり、多くは第三世代の企業経営者であった。また、今日史料として流布しているこうした同時代文献が作成される過程についても注視する必要があろう。ロンドンから取材にきた文筆家に対してグラス製造業者のオスラーは、次のようなことを頼み込んでいる。「ここでは、女性が雇用されているなんてことは見なかったことにしてください。……ロンドンではこんなことは不愉快に映るでしょうし、女性が男性ほど強くなく仕事もできないとお考えになる人もいるでしょうからね。でもそれは事実じゃないんですがね[46]」。

ここでは明らかに中産階級の女性観が念頭に置かれている。このように文献に現われた言説は、必ずしも事実とは一致しない視点と思惑で再構築されたものであったのだ。それでは現実はどうであったのか。

ビハッグは、教区に残された遺言書に記された遺産目録から、バーミンガムにおける多岐にわたる職種ごとの経営規模を測定する。するとそこには、二つの大きな集合分布、すなわち仕事場生産での小経営と、問屋制商人に支配された大規模経営が見られる。この経済的分極化は、一九世紀半ば頃までにできあがり、そのなかで大規模な経営体が支配的な存在となってくる。大経営は、問屋制経営を大規模化したものと、流通資本を固定資本へ形態転換させ工場経営に乗り出したものがあった。一九世紀も半ばになれば、小生産者的発展を通じて工場経営が生み出されたのではなかった。

小生産者が小生産者であり続けたのは、こうした大経営体によって信用と市場を支配されていたためであった。仕事場生産は週単位で回転しており、原料を仕入れ、それを週末に売り、次の週にはまた原料を仕入れるという自転車操業を強いられた。当時の取引は掛け売りを原則としていたから、現金を手に入れるため安く買い叩かれた。一方、大経営体では、年単位の長期信用に依拠し、製品の販売も自前の商館などを通じて行なわれた。このような信用や市場の構造に規定されて、小生産者は独立した生産単位として経営を続けることは困難になっていき、大経営体の外業部と化すことで生き延びていこうとする。しかし、そのことは大経営体にとっての不況期における安全弁としての役割を担うことを同時に意味していた。また大経営では、生産コストを削減するため機械化を進めたり、熟練労働を女子・児童労働に代替したりすることで労働過程を根本から再編していった。もちろんこの過程は小経営に対しても労働過程の再編成を迫っていく。ナポレオン戦争後、バーミンガムの経済を定期的に襲う景気循環の波は、安全弁としての小生産者の数を増加させ、好況期に工場が建設され不況期に労働過程の再編が進むといった連鎖を引き起こしながら、この過程を促進していった。こうして労働の場は、資本家と労働者との間での、時間・空間のあり方をめぐる激しい闘争の場へと化していった。

社会的亀裂が見られるようになった産業革命期のバーミンガムの労働の場は、小生産者という一般的イメージでは捉えきれず、小生産者の間にも二つの異なる類型を見いだすことが可能となる。そのひとつは、小製造業者(small manufacturer)と呼ばれるもので、彼らは大経営にしたがって労働の場の再編を強引に推し進めていこうとする。もちろん客観的には、彼らの役割は大経営の補完的な役割しかもたない。これに対して、小親方(small master)と呼ばれるタイプは、職人とともに働き暮らす伝統的な労働の共同体の価値を維持しようとする心性をもち、時には労働者と一緒に暴動に参加することもあった。これを可能にするのが、生産者と消費者を直接に結びつけることで独自の市場の確保を試みたオーウェン主義の生産協同組合であった。

この背後には、経済的自由主義に価値を置く中産階級の世界と、労働の共同体を基盤とする民衆世界という二つの異なる文化的磁場が形成されたことを意味する。したがって、一九世紀半ばになって小生産者のあり方をめぐる言説が、なぜバーミンガムの諸階層の人びとの焦点となったのかという問題は、レトリックの問題として解釈し直す必要があろう。中産階級の言説のなかに登場する小製造業者は、勤労の倫理の面が強調され、小生産者から大製造業者への上昇の展望が語られた。そこでは経済的自由主義の価値観が鮮明に表明されている。一方、小親方については、親方が伝統的なモラル・エコノミーの観念に基づいて労働過程の再編に職人とともに反対することへの期待が込められている。

当時の労使対立のなかで用いられた言語もこうした文脈のなかで考える必要があろう。それは、「尊敬されること(respectability)」「社会的上昇」という観念に対極的な解釈を示しているからだ。小製造業者にとっては、労働の規律を守ることが「尊敬されること」であり、それを通じて大製造業者への「社会的上昇」を遂げていくことが理想とされた。小親方は、モラル・エコノミーの観念のもと居酒屋でおごり合う関係にあることが「尊敬されること」であり、職人から親方になることが「社会的上昇」であったのだ。

ここでは、中産階級と民衆世界との界面ゾーンに位置した小生産者を奪い合う文化的闘争が行なわれていた。同時代の文献に現われた言説は、社会的現実の直接の反映物でなく、小生産者を自分たちの世界に引きずり込もうとする機能をもったイデオロギー戦略の手段と見なさなければならないのである。こうしてみると、これまでの歴史家は、文脈を見ることなく、同時代人の言説から自分の解釈に都合のよい側面を選びだして歴史像を構成してきた、ともいえるのではなかろうか。

(3) 政治的言説と解釈の共同体——事件

バーミンガム政治同盟をもって議会改革運動に成功をおさめ、また一八六〇年代にはジョセフ・チェンバレンによる自治体社会主義を生み出した土壌には、この都市に特有の階級的協調関係が存在していたとするのが、ブリッグズ以降のバーミンガム政治史の叙述であった(47)。しかし、ブリッグズらが依拠してきた中産階級の言説のレトリックを都市社会の磁場のなかで解読してみると、もはやこの解釈は維持しえない。労働の場での生産手段の所有者として職人への支配を正当化する資本家の論理を、今度は政治的イデオロギーとして表現したのがトマス・アトウッドであった。彼は、資本家であれ労働者であれ、生産に従事する階級を貴族的な土地利害とは区別されるものとして「生産階級」「勤労階級」と呼び、その協調を説く。しかし、あくまでブルジョワ民主主義の擁護者である彼は、階級間の利害の一致を前提とし、財産資格によって資本家が二つの階級を代表するべきであるとして民衆的急進主義者の普通選挙という要求に背を向けた。財産資格による制限選挙は、小製造業者ら小ブルジョワにとっても適合的であった。それは、労働の場において社会的階層制を維持しながら、都市社会最大の有権者層としての地位を確立できるからであった。

アトウッドが必要としたのは、労働者階級の数の力であった。しかし、「たとえ規律をもった軍隊であっても司令官をもたずに誰が戦場に送ることができようか(48)」。こうしたアトウッドの政治認識は、バーミンガム政治同盟の組織原理に表出されている。同盟の指導部である参事会(council)は、中産階級だけで構成されていた。労働者が中産階級の指導にしたがったのは、トーリー＝アリストクラシーの頑迷な抵抗が彼らの指導を必要とした一八三二年の政治的状況にあった。したがって、同盟に集約的に表現された中産階級と労働者との関係は、互いに異なる政治的目標をもつ自律的社会集団の間で取り結ばれた不安定な結合(alliance)と理解すべきである。選挙法改革が成就すると中産階級は、普通選挙権を否定しオーウェン主義の基盤となる労働交換所(Labour Exchange)を否定した。一八三七年に地方自治体化を目指して同盟が再建されたときは、すでに労働者の支持はなかった。こうして労働者階級独自の運動としてのチャーティスト運動が開始される。一八三九年七月のバーミンガム市中ブルリング地域における暴動は、その背後にある政治的・文化的対立を集中的に表現した民衆蜂起であり、それに続くバーミンガムへの自治体警察の導入による治安体制の強化は、こうした対立の論理的帰結であった。

対抗的言説として登場したチャーティズムに関して、外在的に、これを職種・地域といったバリアーを越えて全国的動員を可能にした言説の統合作用に注目して説明する方法をとるか、バーミンガム社会に内在的な要因で説明するかで解釈は異なってくる。ギャレス・ステッドマン＝ジョーンズは、従来のチャーティズム研究においては、その言説が運動の担い手の社会的・職業的構成や経験の直接的な反映であるとされてきたことに異を唱える。一八三〇年代の経済的貧困や救貧法改革、工場法改革、警察改革による民衆への抑圧は、ホイッグ政府の悪政によってもたらされたとし、これらに対する個別の反対運動を、レヴェラーズやロック、一八世紀の「地方党」のイデオロギーやウィルクス派の運動にいたるイギリス民主主義を貫徹する、名誉革命体制から疎外されたものとしての「人民」という言語に接合(articulation)し、選挙権要求を明確に掲げたのが、「人民憲章」(People's Charter)であったという。(49)

言語や図像などを政治文化の構成要素と見なし、これを構造主義的に分析する研究は、フランス革命を「近代的な政治文化の創造」であるとする独自の評価を加えたリン・ハントによって代表させることができる。[50] ステッドマン＝ジョーンズやハントのイギリスでの影響は、「社会史の言語学的傾向」「労働史の修正主義派」と呼ばれる大きな潮流をなしている。その例は、一八一九年のピータールー事件にいたるイギリス急進主義の言説パターンとビラに現われた図像を分析したジェームズ・エプスタインの「自由の帽子を理解する」[51]（一九八九年）や、ヴィクトリア期北部労働者の改良主義的傾向を急進主義言説の不在という視点から分析したパトリック・ジョイス『人民の想像力』[52]（一九九一年）に見てとることができる。しかし言説の構造分析に関心が集中することで、言説を受容する側の問題が軽視されてきたことも事実である。ハントもこの点を意識して、革命期のレトリックや図像それ自体の分析をしたのちに、地方都市の政治階級の交替のパターンと結びつけることで問題を克服しようとしたが、その内的関連が明らかにされているとは言い難い。

ビハッグは、チャーティズムの言説について、単にそれ以前にあった観念の継承により作成されたテクストと見なすことは、議会改革運動の時期から存在した対立のモメントを正当に評価しえないとして、バーミンガム社会に内在的な要因から説明しようとする。その際、ビハッグがとった方法は、ロジェ・シャルチエの「読解の歴史学」[53]と一脈通じるものがあるといえよう。シャルチエは、読書の社会史を通じて、書物はテクストとして独自の構造をもっているが、それらは読まれて初めて意味をもつのであり、その読まれ方が重要なのだという議論を展開する。政治的言説もテクストとして固有の構造をもっているが、ビハッグは労働の共同体における日々の労働の経験を通じた労働者独自の言説の読み方を発見する。

　ピエール・ブルデューによって提唱された「プラティーク」という概念は、外部から注入されたイデオロギーによって目的意識的に行なわれる「実践」とは違って、日々の慣習の構造に規定されながらも、人びとの行為やものの見方を方向づけるその能動的な側面が強調されている。民衆世界と政治とを結びつけて解釈するうえで媒介概念となるのが、このプラティークである。構造的再編の時代にあっては、民衆儀礼の動員や仕事場での社会的イディオムへの意味付けにみられたように、バラバラに存在していた人びとの経験に働きかけてコスモロジーとして労働の共同体ができあがり、これが政治意識までも貫いて観念的表象が形成された。労働の共同体における社会的結合の強さは、個としての労働者を埋没させることになり、中産階級の眼には「最悪の民主主義」と映ったが、それは同時に、民主主義の重要な要素である議論・参加という側面では積極性を発揮した。「聖月曜日」の慣習は全員が参加して初めて維持しえたし、労働組合の会合では発言の機会均等の原則が守られ、争議の時は要求をめぐり徹底した議論を繰り返し、専従の活動家をもたない時代では、その役職も組合員間でのローテーションであった。このように民衆の日常における政治は、平等主義と直接民主制を基調としていた。

　こうして、議会改革からチャーティズムにいたる政治的言説を読み解くことが可能となる。「民主主義」とは、全員参加を理想とする参加民主主義、「人民」とは、財産の所有の多寡によらずすべての人びとを含むものであった。議会改革の争点となる「代表制」は、財産所有者による制限選挙ではなく、普通選挙が志向されていた。民衆は、チャーティズムの言説によってではなく、すでに議会改革の時期から独自の政治構想をもっていたのであり、彼らは中産階級の「民主主義」という言語を「横領」してバーミンガム政治同盟に参加していたといってよい。テクストに対する民衆固有の解釈は、スタンリー・フィッシュの言葉を借りるならば「解釈の共同体(54)」ということになるが、労働の場がその役割を果たしていたのであった。

シャルチエが強調したプラティークや表象も、ある局面においては都市という場で形成され意味をもつことになるであろう。文化史のパースペクティヴを取り入れることによって社会的階層区分を相対化させ、全体史としての都市史を描くことに成功したビハッグの試みは、この意味において新しい研究の地平を確立したということができるだろう。

小括

都市には、二つの顔があった。

都市の華やかな文化や近代化・進歩の象徴としての側面が強調される時、その担い手たる中産階級やジェントルマンが表象されてきた。また工業化・都市化がもたらした貧困や社会問題を指摘する時には、労働者民衆が表象されていた。

都市社会集団の研究動向を紹介するなかで明らかになったのは、こうした異質な階級を分け隔てる指標が、かつて設定されていた財産や身分といった社会経済的要因から、都市がつくりあげる人びとのさまざまな社会的結合の網の目、またそうした結合の基軸となる文化、そしてその文化を構成するイデオロギーや実践へと移動してきたことである。こうしたイデオロギーや実践も、都市という場のなかで初めて意味をもつことになる。いわば関係としての都市のなかに構造化されているのであった。そして社会的変動期には、イデオロギーや実践が、都市の社会構造自体をダイナミックに再編していくことは、これまで述べてきた通りである。

近代都市は、農村が生み出す余剰を経済的基盤としてきた中世都市とは異なり、国民国家の枠組みのなかにありつつも、その枠組みを越えて世界システムと連動しながらみずからの経済的基盤を確保してきた。当然そこでは、この連動にともない、都市の社会的形態が変化して、新たな統治をめぐる技法が模索され続けることになった。こうした意味において、近代都市の歴史は、政治文化のダイナミズムを語るうえで格好の場を提供しているといえよう。

(1) ネオ・マルクス主義労働史研究に関しては、近藤和彦「民衆運動・生活・意識――イギリスの社会運動史研究から」『思想』第六三〇号、一九七六年、松村高夫「労働者階級意識の形成」『シリーズ世界史への問い4 社会的結合』岩波書店、一九八九年。アナール学派に関しては、Peter Burke, *The French Historical Revolution: The Annales School, 1929-89*, Cambridge: Polity Press, 1990(大津真作訳『フランス歴史学革命――アナール学派一九二九―八九年』岩波書店、一九九二年)を参照。

（2）　二宮宏之「思想の言葉」『思想』第八一二号、一九九二年。

（3）　Gabrielle M. Spiegel, “History, Historicism and the Social Logic of the Text in the Middle Ages”, *Speculum*, vol. 65, no. 1, 1990.

（4）　歴史学とポスト・モダニズムに関しては、次の論争を参照。Lawrence Stone, “History and Post-modernism”, *Past and Present*, no. 131, 1991; Patrick Joyce and Catriona Kelly, “History and Post-modernism”, *Past and Present*, no. 133, 1991; Lawrence Stone and Gabriel Spiegel, “History and Post-modernism”, *Past and Present*, no. 136, 1992.

（5）　Roger Chartier, “Le monde comme représentation”, *Annales ESC*, no. 6, 1989（二宮宏之訳「表象としての世界」『思想』第八一二号、一九九二年）.

（6）　Asa Briggs, “The Local Background of Chartism”, in Briggs (ed.), *Chartist Studies*, London: Macmillan & Co., 1959. その後の研究動向としては John Belchem, “Beyond the Chartist Studies”, in Derek Fraser (ed.), *Cities, Class and Communication: Essays in Honour of Asa Briggs*, London: Harvester Wheatsheaf, 1990.

（7）　Asa Briggs, “The Background of the Parliamentary Reform Movement in Three English Cities, 1830–1832”, *The Collected Essays of Asa Briggs*, volume 1, Brighton: Harvester, 1985. この論文の初出は一九五二年。

（8）　この点に関しては、Asa Briggs, “Social Structure and Politics in Birmingham and Lyons, 1825–48” in *The Collected Essays of Asa Briggs*, volume 1 も参照。この論文の初出は一九五〇年。

（9）　Asa Briggs, *Victorian Cities*, London: Odhams Press, 1963.

（10）　John Foster, *Class Struggle and the Industrial Revolution: Early Industrial Capitalism in Three English Towns*, London: Weidenfeld and Nicholson, 1974; John Foster, “Nineteenth Century Towns—a Class Dimension", in H. J. Dyos (ed.), *The Study of Urban History*, London: Edward Arnold, 1968.

(11) Geoffrey Crossick, *An Artisan Elite in Victorian Society: Kentish London 1840–1880*, London: Croom Helm, Rowman and Littlefield, 1978; Robert Q. Gray, *The Labour Aristocracy in Victorian Edinburgh*, Oxford: Clarendon Press, 1976.

(12) もっとも、R. S. Neale, *Class and Ideology in the Nineteenth Century*, London: Routledge and Kegan Paul, 1972 は、五階級モデルを提唱している。

(13) Sidney and Beatrice Webb, *English Local Government from the Revolution to the Municipal Corporations Act*, vol. 3, London: Longmans, Green, 1906.

(14) E. P. Hennock, *Fit and Proper Persons: Ideal and Reality in Nineteenth-century Urban Government*, London: Edward Arnold, 1973.

(15) Derek Fraser, *Urban Politics in Victorian England: The Structure of Politics in Victorian Cities*, London: Macmillan, 1976; 以下も参照。Derek Fraser, *Power and Authority in the Victorian City*, Oxford: Blackwell, 1979: Derek Fraser, "Introduction", in Fraser (ed.), *Municipal Reform and the Industrial City*, Leicester: Leicester University Press, 1982: John Garrard, *Leadership and Power in Victorian Century Towns, 1830–80*, Manchester: Manchester University Press, 1983.

(16) David Cannadine, "The Calthorpe Family and Birmingham, 1810–1910: 'Conservative Interest' Examined", *Historical Journal*, vol. 18, 1975.

(17) John Seed and Janet Wolff, "Introduction" in Seed and Wolff (eds.), *The Culture of Capital: Art, Power and the Nineteenth-century Middle Class*, Manchester: Manchester University Press, 1988.

(18) Theodore Koditschek, *Class Formation and Urban Industrial Society: Bradford, 1750–1850*, Cam-

bridge: Cambridge University Press, 1990.

(19)　V. A. C. Gatrell, “Incorporation and the Pursuit of Liberal Hegemony in Manchester 1790–1839”, in Derek Fraser (ed.), *Municipal Reform and the Industrial City*. なおこの論文は次の学位論文を元にしている。V. A. C. Gatrell, “The Commercial Middle Class in Manchester, c. 1820–1857”, Ph. D. thesis, University of Cambridge, 1971. また Allan J. Kidd, “Introduction: The Middle Class in Nineteenth-century Manchester”, in Alan J. Kidd and K. W. Roberts (eds.), *City, Class and Culture: Studies of Social Policy and Cultural Production in Victorian Manchester*, Manchester: Manchester University Press, 1985 も参照。

(20)　John Seed, “Unitarianism, Political Economy and the Antinomies of Liberal Culture in Manchester”, 1830–50, *Social History*, vol. 7, no. 1, 1982; John Seed, “Theology of Power: Unitarianism and the Social Relations of Religious Discourse, 1800–50”, in Robert J. Morris (ed.), *Class, Power and Social Structure in British Nineteenth-Century Towns*, Leicester: Leicester University Press, 1986.

(21)　Robert J. Morris, *Class, Sect and Party: The Making of British Middle Class, Leeds 1820–50*, Manchester: Manchester University Press, 1990. また任意団体に関しては、Robert J. Morris, “Voluntary Societies and British Urban Elites 1780–1850: An Analysis”, in Peter Borsay (ed.), *The Eighteenth-Century Town: A Reader in English Urban History, 1688–1820*, London: Longman, 1990.

(22)　E. P. Thompson, *The Making of the English Working Class*, London: Victor Gollancz, 1963 (市橋秀夫・芳賀健一訳『イングランド労働者階級の形成』青弓社、二〇〇三年).

(23)　Gareth Stedman-Jones, “Working-class Culture and Working-class Politics in London 1870–1900: Note on the Remaking of Working Class”, in Stedman-Jones, *Languages of Class: Studies in English Working Class History, 1832–1982*, Cambridge: Cambridge University Press, 1983 (拙訳『階級という言語――イングラン

ド労働者階級の政治社会史　一八三二―一九八二年』刀水書房、二〇一〇年).

(24) Peter Bailey, *Leisure and Class in Victorian England: Rational Recreation and the Contest for Control, 1830–1885*, London: Routledge and Kegan Paul, 1978; Hugh Cunningham, *Leisure in the Industrial Revolution, c. 1780–c. 1880*, London: Croom Helm, 1980.

(25) E. P. Thompson, "The Moral Economy of the English Crowd in the Eighteenth Century"; "The Moral Economy Reviewed", in Thompson, *Customs in Common*, London: Merlin Press, 1991. 前者の論文の初出は一九七一年。

(26) John Bohstedt, *Riots and Community Politics in England and Wales, 1790–1810*, Cambridge, Mass.: Harvard University Press, 1983. また近藤和彦『民のモラル――近世イギリスの文化と社会』山川出版社、一九九三年も同様の論点を指摘している。

(27) John Smail, "New Language for Labour and Capital: The Transformation of Discourse in the Early Years of the Industrial Revolution", *Social History*, vol. 12, no. 1, 1987; A. J. Randall, "New Language or Old: Labour, Capital and Discourse in the Industrial Revolution", *Social History*, vol. 15, no. 2.

(28) Adrian Randall, *Before the Luddites: Custom, Community and Machinery in the English Woollen Industry, 1776–1809*, Cambridge: Cambridge University Press, 1991.

(29) 文化と状況と社会階層との関連に関しては、柴田三千雄「サンキュロット」『シリーズ世界史への問い6　民衆文化』岩波書店、一九九〇年を参照。

(30) Craig Calhoun, "Community: Toward a Variable Conceptualization for Comparative Research", in R. S. Neale (ed.), *History and Class: Essential Readings in Theory and Interpretation*, Oxford: Blackwell, 1983; Craig Calhoun, *The Question of Class Struggle: Social Foundations of Popular Radicalism During the Indus-*

trial Revolution, Chicago: University of Chicago Press, 1982; Craig Calhoun, "Class, Place and Industrial Revolution", in Nigel Thrift and Peter Williams (eds.), *Class and Space: The Making of Urban Society*, London: Routledge and Kegan Paul, 1987.

(31) David Garrioch, *Neighbourhood and Community in Paris, 1740–1790*, Cambridge: Cambridge University Press, 1986. 柴田三千雄『パリのフランス革命』東京大学出版会、一九八八年も参照。

(32) Robert Gray, *The Aristocracy of Labour in Nineteenth-century Britain, c. 1850–1914*, London: Macmillan, 1981.

(33) Robert Gray, *The Labour Aristocracy in Victorian Edinburgh*, Oxford: Clarendon Press, 1976.

(34) Geoffrey Crossick, *An Artisan Elite in Victorian Society: Kentish London 1840–1880*.

(35) Geoffrey Crossick, "Urban Society and the Petty Bourgeoisie in Nineteenth-century Britain", in Derek Fraser and Anthony Sutcliffe (eds.), *The Pursuit of Urban History*, London: Edward Arnold, 1983. なお、法制史でも都市陪審員の出自から類似の指摘がされている。栗田和典「一八世紀イギリス史の新展開——犯罪の社会史覚書き」『史学雑誌』第九九編九号、一九九〇年参照。

(36) E. P. Thompson, *Customs in Common*, pp. 87–96. この論点に関しては、Dror Wahrman, "National Society and Communal Culture: An Argument about the Recent Historiography of Eighteenth-century Britain", *Social History*, vol. 17, no. 1, 1992 も参照。

(37) Clive Behagg, *Politics and Production in the Early Nineteenth Century*, London: Routledge, 1990.

(38) Clive Behagg, "Custom, Class and Change: The Trade Societies of Birmingham", *Social History*, vol. 4, no. 3, 1979; Clive Behagg, "Secrecy, Ritual and Folk Violence: The Opacity of the Workplace in the First Half of the Nineteenth Century", in Robert D. Storch (ed.), *Popular Culture and Custom in Nineteenth Cen-*

tury England, London: Croom Helm, 1982; Clive Behagg, "An Alliance with the Middle Class: The Birmingham Political Union and Early Chartism", in James Epstein and Dorothy Thompson(eds.), *The Chartist Experience: Studies in Working-Class Radicalism and Culture, 1830–1860*, London: Macmillan Press, 1982; Clive Behagg, "Master and Men: Social Values and the Smaller Unit of Production in Birmingham, 1800–1850", in Geoffrey Crossick and Heinz-Gerhard Haupt(eds.), *Shopkeepers and Master Artisans in Nineteenth-century Europe*, London: Methuen, 1984; Clive Behagg, "Myths of Cohesion: Capital and Compromise in the Historiography of 19th-century Birmingham", *Social History*, vol. 11, no. 3, 1986; Clive Behagg, "The Democracy of Work, 1820–1850", in John Rule(ed.), *British Trade Unionism, 1750–1850: The Formative Years*, London: Longman, 1988; Clive Behagg, "Controlling the Product: Work, Time and the Early Industrial Workforce in Britain 1800–1850", in Gary Cross(ed.), *Worktime and Industrialisation: An International History*, Philadelphia: Temple University Press, 1989.

(39) フリードリヒ・エンゲルス「権威について」『マルクス・エンゲルス全集』第一八巻、大月書店版。

(40) 森建資『雇用関係の生成――イギリス労働政策史序説』木鐸社、一九八八年。

(41) C. B. Macpherson, *The Political Theory of Possessive Individualism: Hobbes to Locke*, Oxford: Clarendon Press, 1962(藤野渉ほか訳『所有的個人主義の政治理論』合同出版、一九八〇年).

(42) Douglas A. Reid, "The Decline of Saint Monday, 1766–1876", in Pat Thane and Anthony Sutcliffe(eds.), *Essays in Social History*, volume 2, Oxford: Clarendon Press, 1986. この論文の初出は、一九七六年。

(43) Asa Briggs, "The Background of the Parliamentary Reform Movement in Three English Cities, 1830–1832"; "Social Structure and Politics in Birmingham and Lyons, 1825–1848", *The Collected Essays of Asa Briggs*, volume 1.

(44) G. C. Allen, *The Industrial Development of Birmingham and the Black Country, 1860–1927*, London: G. Allen & Unwin, 1929.

(45) Samuel Timmins(ed.), *The Resources, Products and Industrial History of Birmingham and the Midland Hardware District*, London: R. Hardwicke, 1866; reprinted 1967.

(46) Osler to Martineau, 10 February 1852. Clive Behagg, "Myths of Cohesion", p. 380 での引用。

(47) Asa Briggs, *Victorian Cities*.

(48) Clive Behagg, *Politics and Production in the Early Nineteenth Century*, p. 25 での引用。

(49) Gareth Stedman-Jones, "Rethinking Chartism", in Stedman-Jones, *Languages of Class*. ステッドマン＝ジョーンズの歴史理論をめぐっては、Robert Gray, "The Deconstructing of the English Working Class", *Social History*, vol. 11, no. 3, 1986; David Mayfield and Susan Thorne, "Social History and its Discontents: Gareth Stedman-Jones and the Politics of Language", *Social History*, vol. 17, no. 2, 1992 を参照。

(50) Lynn Hunt, *Politics, Culture, and Class in the French Revolution*, Berkeley: University of California Press, 1984(松浦義弘訳『フランス革命の政治文化』平凡社、一九八九年).

(51) James Epstein, "Understanding the Cap of Liberty: Symbolic Practice and Social Conflict in Early Nineteenth-Century England", *Past and Present*, no. 122, 1989.

(52) Patrick Joyce, *The Visions of the People: Industrial England and the Question of Class, 1840–1914*, Cambridge: Cambridge University Press, 1991.

(53) ロジェ・シャルチエ「文化史の再定義」『iichiko』第一九号、一九九一年、「表象としての世界」『思想』第八一二号、一九九二年。

(54) S. Fish, *Is There a Text in This Class?: The Authority of Interpretive Communities*, Cambridge, Mass.:

Harvard University Press, 1980(小林昌夫訳『このクラスにテクストはありますか――解釈共同体の権威3』みすず書房、一九九二年).

II

転回する歴史学

第4章　物語の復権／主体の復権

――ポスト言語論的転回の歴史学

はじめに

歴史学における方法をめぐる議論は、少なくとも日本ではめっきり少なくなってしまった。これには、いくつかの要因が関係していると考えられる。ひとつには、歴史家の研究対象が個別分散化して、個々人の興味関心に従って歴史研究が遂行され、共通の方法論的基盤にまで立ち入って論じる必要性が失われてしまっていることがある。もうひとつは、ポストモダンの挑戦に対して、歴史家が少しく及び腰となってきたことがあるように思われる。そこでは、伝統的な歴史家が依拠する諸前提、すなわち、因果関係、変化、作者の意図、意味の安定性、人間の営為や社会による決定などが、批判の俎上に載せられることになったのである。したがって、歴史家がポストモダンの潮流に背を向ける傾向があったのも当然といえよう。だが、一九七〇年代以降の歴史研究全体の文化史への傾斜、つまり文化論的転回のなかで、ポストモダンの理論は歴史研究に意図せざるかたちで侵入してきた。いまや、言語論的転回以降の歴史学をめぐる方法論の状況に本格的な考察を加える時が来ているのかもしれない。

言語論的転回はソシュールによる構造主義言語学やフーコーやデリダのポスト構造主義などに知的起源をもつが、「言語論的転回」という言葉はアメリカの言語哲学者リチャード・ローティによる言語哲学の論文集(一九六七年)[1]のタイトルに用いられたのが最初だといわれている。歴史学との近接性という意味では、同じくアメリカの一九七〇年代における文学の領域でのヘイドン・ホワイト『メタヒストリー』(一九七三年)[2]や、文化人類学の領域におけるクリフォード・ギアツ『文化の解釈学』(一九七三年)[3]によってもたらされた影響がより直截的であったといえる。それらは言語や象徴という記号体系のもつ規定性を共通して主張するものであったが、とりわけギアツの人類学は文化論的転回のなかで歴史家の思考様式のなかに無意識のうちに浸透していったといえよう。それから三〇年以上の歳月が経った今日、歴史学の方法論は、どのような地点にたどり着いているのだろうか。本章は、こうした現代歴史学の位相について、「物語の復権」と「主体の復権」という視座から素描を試みるものである。

しかし、こうした問題の設定の仕方には、若干の違和感を覚える読者も多いことであろう。というのも、ローレンス・ストーンが、すでに三〇年も前に「物語の復権」を唱えているからである[4]。一九七〇年代にストーンは、近代史学のなかで確立されてきた科学的歴史学への反発が生じているとして、社会史や文化史の成果を踏まえつつ物語風の歴史叙述を復権しなければならない、と主張したのであった。プリンストン大学教授の地位にあったストーンが、ホワイトやギアツなどアメリカの知的動向に精通していたことは間違いない。事実、この提言は、言語論的転回と文化論的転回を踏まえての歴史学の動向の的確な把握であったといってよかろう。しかし、「物語の復権」にはらまれたポストモダンの傾向は、ヘイドン・ホワイト系譜の言語論的転回の流れでは、歴史家の作品をテクストとして捉え、歴史叙述に先行して存在する物語のパターンの規定性を強調する「作者(主体)の死」や「歴史はフィクションである」というメッセージのもとに理解されていった。他方、後者のギアツ系譜の文化論的転回のなかでの「物語の復権」も、文化をテクストとして捉え、その記号論的分析に集中していくことになった。やがてストーン自身がポストモダンの過度の進行に懐疑の念を示すようになり、歴史学と物語論との関係は矛盾と緊張をはらむものとされてきたのである。(5)

「物語の復権」は歴史家の記述行為に関する構造主義的理解であり、それはまた「テクストの外部」に存在する「主体」を否認するものとされてきた。それでは、この一見すると相矛盾する「物語の復権」と「主体の復権」が同時に生起している現在の歴史学とは、どのような状況のもとにあるのだろうか。そうした素朴な疑問に答えることを、本章のささやかなる課題としたい。それは、結論からいえば、物語論の重心が歴史家の記述行為の理解から歴史分析の対象たる人間の世界認識の方法へと移動し、また、記号体系そのものの分析から受容する側の問題へと関心が変化していることを意味している。本章は、最初に「物語の復権」と「主体の復権」が生じているコンテクストをポスト言語論的転回の歴史的位相として捉え、次に、その二つの潮流が交錯するなかで展開している「パーソナル・ナラティヴ」研究に焦点を当て、いくつかの具体的事例を示しながら、現代歴史学の可能性について、その一端を明らかにしようとするものである。

一　ポスト言語論的転回の位相

(1) 言語論的転回の受容

言語論的転回の登場は、時代状況とも密接に関連している。まず、産業社会からポスト産業社会への移行期において、流動化した社会状況を理解するにあたって新たなる社会認識が求められたことがあげられる。また、リチャード・エヴァンズによる知識社会学的考察によれば、英米の新保守主義政権のもとでの大学改革により自信を喪失した歴史家にとって、言語によってすべてを書き換えることが可能であると語るメッセージは魅力的であり、言語論的転回が熱狂的に受容されていったのは、こうした心理的担保機能があったのだとされる(6)。だが、英米の間でも言語論的転回に関しては、温度差が存在していた。アメリカは、移民社会のもつ流動性が構築主義的な理解を促していったが、イギリスはより「実証主義の文化」が根付いていたからである。アメリカではポストモダンの挑戦が破壊的な勢いで進む一方、イギリスにおいて言語論的転回の意義を積極的に受け止めて採用していったのは、構造主義的マルクス主義の系譜に属する歴史家であった。ギャレス・ステッドマン＝ジョーンズ『階級という言語』(一九八三年)は、チャーティズムが伝統的な急進主義運動の言語を採用することで成立した運動であった点を明らかにして、歴史学における言語論的転回の嚆矢となる作品とされてきた。

イギリス労働史・社会史の領域での階級論をめぐる言語論的転回は、マルクス主義の命題の根幹的領域に関わるだけに鋭い論争を惹起していくことになった(7)。

アメリカでストーンによりポストモダンへの懐疑の念が表明され、イギリスでの言語論的転回の牽引者と見られていたステッドマン＝ジョーンズも、一九九〇年代以降にはいわゆるポストモダンの立場に対して明確に距離をとるようになっていった。言語論的転回は、マルクス主義者による社会史的アプローチに見られた経済還元論を批判した点では正しかったが、言語決定論というかたちで還元論的思考が連綿として続くことになったというのである(8)。それでは、この知的転回には、全く意味がなかったのであろうか。ステッドマン＝ジョーンズは、以下のような総括を行なっている。

形式的にいえば、歴史家のあいだでの見解が、一九八三年から一九九〇年代まで続いた言語論的解釈か社会史的解釈かをめぐる熱のこもった論争によって、大幅に進歩したようには思われない。しかし、歴史家の実践は、重要なところで変化した。概して、歴史家たちは折衷主義という防衛的な形態、すなわち、言説的なアプローチのもつ想定と手続きの多くを利用し、場合によっては、脱構築の手法さえも採用してきたのである(9)。

こうした折衷主義的な態度は、なにもステッドマン＝ジョーンズに限られるものではない。二〇〇五年前後に、歴史学の領域では言語論的転回の総括を経た新たな方法論に関するテクストが相次いで刊行されることになるが、そこでも言語論的転回のメッセージを積極的に受け止めた認識が示されることになる。(10)ガブリエル・シュピーゲルによれば、言語論的転回以降の二五年の歴史学を総括すれば、言語論的転回はその構造主義的な言語理解によって行き詰まり、それに代わって、記号論から意味論へという現象学的転回、文学理論から社会学理論へという依拠する理論の変化、そして諸カテゴリーの再審が起こっているとされている。ここでいうカテゴリーの再審とは、言説、自己と主体性(主観性)、経験と実践といった諸概念を構造主義の隘路から救い出す試みを意味している。大まかにいえば、記号体系の規定性を強調する言語論的転回によって簒奪されてしまった主体を復権し、それを歴史的過程に再び挿入することによって歴史の変動を描き出そうとしているのである。(11)「物語の復権」と「主体の復権」という現象も、こうしたポスト言語論的転回の位相に位置づけられることになる。

(2) 物語の復権

ピーター・バークによれば、先のローレンス・ストーンの「物語の復権」の提言は、少なくとも二つの論争を背景にして提出されたものであった。ひとつは、歴史家の仕事は物語を語ることにあると考える者と、歴史家は構造の分析に取り組むべきだと主張する者の間での論争である。伝統的な物語的歴史家は、いわゆる「偉人」たちの果たした歴史的大事業を過度に評価して個人の性格や意図という観点から歴史を解釈しようとする傾向があると批判され、他方で、構造史家たちは、すべてを社会経済的な要因に還元して説明する傾向があるとして批判されたのであった。もうひとつは、一九六〇年代のアメリカに端を発する文学理論に関する論争である。そこでは、ミハイル・バフチンの文学理論に起源をもつ、複数の視点による解釈を重視する「ヘテログロシア」、ヘイドン・ホワイトによって提唱された、歴史解釈に先行して存在するレトリックによる「プロット化」などの概念が提出された。(12)

こうしてみると、ストーンによる「物語の復権」の提言は、「物語か構造か」という対立を、文学理論のなかで用いられた物語叙述の方法によって止揚しようとするものであったと見ることができる。すなわち、具体的な地域社会の構造分析のなかで普通の人びとの経験や思考様式を析出して物語として構成し、それらを文学理論の系譜にある物語解釈論の手法によって説明しようというのである。それは、ある意味ではミクロストリアの延長線上にあるものだといえよう。事実、物語論は、普通の人びとの経験や生活、世界を理解する方法への関心を増大させて回帰してきた。現在の物語への歴史学的な関心は、特定の文化に見られる物語の実践への関心でもあり、それは、その文化に帰属する人びとが「みずからについておのずと語ってくれる」物語のことである。これらは「文化としての物語」(cultural narrative)と呼ばれているが、それは語られている世界を理解するうえで鍵となるものを提供してくれる。ヘイドン・ホワイトのいう「プロット化」が、歴史家の作品だけではなく、民衆が世界を理解しようとする動きにも見てとれるのである。(13) ステッドマン＝ジョーンズが次のように主張するのは、まさにこうした事象を指している。

ソシュール的アプローチは、「歴史家は言説に先行ないしはその外部に存在する透明な過去を〈あるがままの姿で〉回復することができる」という実証主義者のナイーブな信仰を認めない一方で、歴史家の探求それ自体を不可能にしているわけではなかった。それどころか、歴史家の探求を強化しているとさえいえるのである。なぜなら、その主張の根拠となっているのが……史料の内部において言語的な慣例が作動している点を十分に理解しなければならないことにあるからである。[14]（傍点引用者）

いくつか例をあげよう。ひとつには、歴史そのものの原動力としての物語への関心が増大している。リン・ハントのフランス革命研究は、革命家たちのレトリックの基底にある「物語の構造」を検討して、旧体制から新秩序への移行を喜劇ないしはロマンスによる「プロット化」として理解するようになっている。[15]「再演」(reenactment)という概念もまた、物語論の文脈で取り上げることができよう。多くの場合、革命の指導者たちは、先行する革命の物語をみずからが再演していると見なしていた。たとえば、ボリシェヴィキはフランス革命を念頭に置いており、フランスの革命家たちはイングランド革命を再演していると考えていた。また、イングランド人たちは、一六世紀の宗教戦争を再演していると考えていた。「再演」は革命に限られたものではなく、今日の民族紛争の時代においては、ある民族はみずからの文化で中心的な位置を占める宗教的な物語のひとつを再演していると見なしており、敵対する民族には悪魔の役割を与えている。民族紛争においても、紛争の解釈に物語論の視点が必要になってくるのである。[16] かくして物語論は、「再演」というパフォーマンスを通じて主体の問題と結びつくことになる。

（3）主体の復権

言語論的転回のなかで、象徴や言語といった記号体系の規定性が強調され、人間の主体性は簒奪されてしまった。たとえば、フーコーは、主体は言説内部の位置に起因する「効果」にすぎないものとして、古典的な主体の自律的アクターとしての役割を消去した。こうした動向に対する批判として、記号体系に意味を与えるものとしての歴史的主体の能動性、つまり、記号体系から個人や社会による記号の受容や解釈に注意が払われるようになり、歴史的アクターとしての主体の復権がはかられていったのである。主体の復権によって歴史学の中心的概念として浮上してきているのが、「経験」と「実践」である。とりわけ、「経験」は言語論的転回に対抗するうえで、歴史家の結節点となってきた感がある。「経験」は、象徴や言語といった記号体系、あるいは言説の効果にすぎないのではなく、むしろ意味を積極的に創出する過程として、また、世界を構造化・秩序化する過程として捉えられている。[17]

主体の復権と同時に進行していったのが、歴史学が隣接分野と取り結ぶ関係の変化であった。すなわち、文化史を中心とする一九七〇年代の歴史学においては、フランスの文学理論を中心とする理論に依拠して研究が進められてきた。そこでは、テクスト分析に重きが置かれることになり、文化をテクストとして捉えるギアツの影響もこの流れに属する。しかし、こうしたフランス文学理論に依拠した歴史分析に代わって、現在では依拠する理論が社会学理論へと変化してきた。具体的には、ブルデュー、ギデンズ、セルトーなどの社会学理論であり、彼らが共通して提示している問題が、構造と主体の関係性である。すなわち、ブルデューにおいては、その関係性がハビトゥスという慣習的行為として、ギデンズにおいては、社会構造が主体との絶えざる交渉による構造化の過程として、またセルトーにおいては、主体が文化的レパートリを再利用しながら日常生活を構築するものとして描き出されている。[18] さらにいえば、その過程での「自己」の主観性についての現象学的分析が、精神分析学や認知科学の方法論を用いて、主体の認識や意識、そして情動にいたるまで行なわれているのである。

こうした主体の復権は、「パフォーマンスへの転回」としても読み解くことができ、それは学問の分野を超えて人文科学ならびに社会科学の領域において「静かなる革命」が進行していることを意味している。そこでは、「実践」そのものが構築されることが強調されるようになっている。つまり、「実践」は、スクリプト(台本・脚本)とパフォーマンス(演技)の二つの領域から構成されているというのだ。こうした潮流は、ピーター・バークによって「偶因論」(Occasionalism)と名づけられている。それは、構造による決定論から主体や個人の解放への転換ということを意味しているわけではないが、少なくとも規則に従う固定化された反応という構造主義的認識と決別して、状況の論理や状況による決定という柔軟な定義へと向かっている。状況が異なれば、同じ人物でも異なる行動様式をとることが含意されているのである。[19] そして、この過程での「物語」の役割は、スクリプトを構成する文化的

「レパートリ」や「テンプレート」として、またパフォーマンスを遂行する主体を内面から動機づける、文化論的・認識論的枠組みを意味する「スキーマ」として、二重のフィルターのかたちで言語や象徴などの記号を動員して、主体の経験を構成していくものとされている。(20)

二　パーソナル・ナラティヴ

(1) 個人の語り《パーソナル・ナラティヴ》

個人や主体を消滅ないしは不可視化してきた構造主義的な言語論的転回への反発から、「主体」や「自己」などの諸カテゴリーが再検討されていることを背景に登場してきているのが、「パーソナル・ナラティヴ」論である。この「パーソナル・ナラティヴ」論によれば、「個人」としての「主体」は「構造」のなかで「自己」を構築するものとされ、そのプロセスを明らかにするためには、自伝や日記、書簡などの「パーソナル・ナラティヴ」は格好の素材を提供するというのである。従来、歴史学における個人の取り扱いは、厄介なものとされてきた。こうした「パーソナル・ナラティヴ」は、実証主義的社会科学では一般化が不可能な個別的エピソードとされ、また、ポスト構造主義哲学では「自立的な個人」という観念に対する疑問から周縁的な取り扱いを受けてきたといってよかろう。他方、こうした先行的学問の認識論的基盤を批判するものとして、周辺化された声を歴史分析に導入して対抗的物語《カウンター・ナラティヴ》を産出しようとする潮流が存在してきた。そうした流れの延長線上に、「パーソナル・

ナラティヴ」は、個人と社会との関係について新たな知見を開くものとして注目を浴びるようになってきているのである。[21]

「パーソナル・ナラティヴ」は、物語論という視点からすれば、いくつかの特徴をもっている。第一に、語り《ナラティヴ》という行為が「自己」の主体性を構築する能動的な契機として認識されている点である。自己が単なる記号体系の反映物としてではなく、言説＝実践を通じて主体的に構築される点を明らかにしうるのである。第二に、その自己が構築される過程において、動機や意味づけ、感情などの「主観性」を見いだそうとする関心の増大から、認知科学におけるスキーマ（＝文化的・認識論的枠組み）理論の影響を受けていることである。この点で、「パーソナル・ナラティヴ」とは、語り手の視点から外側の世界をみる手段であり、感情・欲望・知識・意味などから行為の動機を考察しうるという利点をもつ。個人という主体性の構築において、背後に複雑な社会的・歴史的過程が存在することを明らかにしてくれるのである。[22]

第三に、それが「大きな物語」への批判となっていることである。こうした「パーソナル・ナラティヴ」は、リオタールの言葉を用いれば、「大きな物語」と対比される「小さな物語」のひとつの形態であるということもできよう。リオタールによれば、物語には階層性があり、近代は特定の「大きな物語」を背景に成立しているとされる。この大きな物語はさまざまな物語を背後から正当化する起点となるものであるが、ポストモダンの時代にはそれに収斂しないかたちで成立する「小さな物語」が登場している。そして、歴史的な過程は多様な物語相互のダイナミックスとして捉えることができるという。「個人の語り」を紡ぎ出すことで、大きな物語の修正を迫るような歴史像を提出することが可能となるのである。[23]

具体的な「パーソナル・ナラティヴ」の形態としては、オーラル・ヒストリーとしての個人史の聞き語りがあげられる。事実、「パーソナル・ナラティヴ」が依拠する方法論は、主としてオーラル・ヒストリーの実践のなかで開発されてきたといってもよかろう。だが、オーラル・ヒストリーは、その対象とする時代が語り手との関連で限定がつき、現代史に集中してきたように思われる。最近は、広くエゴ・ドキュメントと呼ばれる一人称で書かれた史料への関心が増大している。具体的には、自叙伝や日記、書簡などにも対象を拡大して、時代も近代や近世、なかには中世のエゴ・ドキュメントを取り上げる研究も産出されている。「パーソナル・ナラティヴ」は、社会的・歴史的文脈と切り離すことはできないが、物語の形態は文書のとる「形式」「言葉遣い」「慣習」「プロット」によって大きく規定されており、それらが何を語り、何を語るべきではないのかという語り手の取捨選択に影響を及ぼしている点にも着目する。[24] 以下、近代イギリス史の領域に限定されるが、パーソナル・ナラティヴ論のもつ射程を具体的な作品から検証することにしよう。

(2) 女性の語り

「パーソナル・ナラティヴ」論の事例を女性史・ジェンダー史の領域から探ろうとすれば、キャロライン・スティードマンの『善き女性のための光景』(一九八六年。以下、『光景』と略)をまずもってあげねばならないであろう。[25] スティードマンは、一九四七年生まれ、聞き語りの民衆史を実践するヒストリー・ワークショップ運動から育ってきたフェミニスト史家である。警察の社会史的研究などを行なったあとに発表した『光景』は、歴史家だけではなく、文学、人類学、女性学・ジェンダー研究といった、カルチュラル・スタディーズ全般の領域を横断して関心をもたれている作品である。ジェフ・イリーの言葉を用いれば、「自叙伝や文書のとる形式、階級や幼年期の歴史、一九四五年以降の福祉国家史、旧左翼の想像界、欲望や嫉妬など情動の歴史、一八世紀以降の自己と主観性」に関心をもつ読者の興味を満たしてくれるものである。[26] 学際的な幅広い関心と「パーソナル・ナラティヴ」論に直結する革新的な方法論が、本書の核心に位置している。

『光景』における語りの主体となるのは、他ならぬ著者スティードマン自身と彼女の母親である。いわば、この書物は母親の個人史の聞き語りとして構成されている。舞台となるのは、一九五〇年代の南ロンドンの労働者階級のひとり親家族。時代は、戦後福祉国家の熱狂のもとにあった労働党政権から保守党政権に移行する政治的保守主義が台頭する時期である。スティードマンは、彼女の母親が、リチャード・ホガートやジェレミー・シーブルークなどによる当時の労働者階級に関するルポルタージュ作品に登場する、子沢山で献身的な母親像とかけ離れていることを指摘する。裕福な人物に妬みをもち、「ニュールック」という当時の流行のスカートやコートに身を包み、子どもたちの食費は健康を害しない程度に節約して、みずからの欲望を追求することを第一とする、最低限の「母親らしきこと」しか行なわない女性であった。しかし、これが当時において成り上がろうとする女性にとって

は、必要な生活の術のひとつであったのだ。(27)

スティードマンによれば、こうした母親の個人的性格《パーソナリティ》の形成に大きな役割を果たしているのが、幼年期における独自の経験であるという。ランカシャの地方都市の織工の娘として生まれた彼女にとって、綿織物産業の衰退のなかで、学校を卒業して町の織物工場に働きに出るという定番の人生行路が瓦解しつつあった。そこで彼女が目撃するのは、失業によって多くの者が移民として新大陸にわたるという悲惨な運命であった。旧い労働者コミュニティの没落を目にして、フットワーク軽く新規なものへ乗り換えることを余儀なくされ、そこでの不安を乗り越えるため、まだ見ぬ未来への希望を育んでいく過程で絶えざる上昇志向をもつにいたったとされる。それはまた、幼年期に少女たちが繰り返し聞かされた白雪姫のおとぎ話のように、「王子様と結婚して、奇麗な服を着て幸せに暮らす」という上昇志向を刻み込まれた女性にとっての願望とも合致する。一九世紀の近代的自己概念が確立した合理的主体では、幼児期は埋もれた過去として位置づけられる。しかし、こうした内面性を単なる過去と見なすことは誤りであり、相同性をもった「文化的テンプレート」として現在の自己を規定している。歴史学も、こうした埋もれた過去を発掘する文字通りの「考古学」が必要になってくるとスティードマンはいう。(28)

『光景』で描かれる著者の母親の姿は、「労働者階級の解放」という進歩主義的な物語で描かれた女性像からは大きな「逸脱」を示している。それは、政治的パンフレットや集会などのさまざまな媒体を通じて形成される「大きな物語」が捉えることに失敗した労働者階級の実態を示しているといえよう。事実、母親は労働者階級の保守党員という政治的立場をとるのであるが、それは一九五〇年代における労働党政権から保守党政権への移行を基底から捉える視座を与えてくれる。著者は、こうした母親のもつ労働者階級の心理を絶えざる上昇志向に支えられた「妬みの政治学」として捉えているが、[29]それは、一九五〇年代から時を隔てて、労働者階級の政治を根本から転換させていったサッチャリズムという一九八〇年代の状況にもあてはまるものとなろう。『光景』は、個人の語りを紡ぎ出すことによって「大きな物語」の書き換えを迫るという、「パーソナル・ナラティヴ」論の可能性を鮮やかに提示してくれているのである。

（3）貧民の語り《ポウパー・ナラティヴ》

次に、貧民をめぐる物語を取り上げてみよう。貧民への関心が生じている背景には、二つの流れがある。ひとつは、階級の社会史研究の新たな発展である。一九七〇年代までの階級の歴史は、労働者階級が主たる分析の対象となってきた。その後、一九九〇年代には中間層の研究が台頭したが、これを「ネオ・リベラル的転回」と指弾する「下からの歴史」が新たに回帰している。[30]もうひとつは、貧困論の発展である。貧困は構造的に拘束された状態であるかのように思われてきた。しかし、近年の研究では貧困が恒常的なものではなく、特にライフサイクルに規定されていることが発見されつつあり、その発見の糸口となる貧困の語りに注目が集まっているのである。[31]ティム・ヒッチコックらによるロンドンの「物乞い」の語りの研究、[32]アリサ・レヴィンなどによる貧民の物語の研究がその代表的

な作品となっている。(33)

貧民は、中産階級史、またその系としての慈善研究においては、慈善の受け手である受動的な「客体」として取り扱われ、その主体性は消去された存在となってきた。しかし、貧民の語る史料からは、こうした慈善を受け取ることが、貧民にとっての「生存の戦略」のひとつの選択肢にすぎなかったことが明らかとなる。近年の福祉と貧困の研究では、貧民の生存維持のための手段を「メイクシフト・エコノミー」と呼ぶ。この概念の起源は、オルウェン・ハフトンの絶対王政期フランス社会の貧困研究にあるといわれる。ハフトンは、体系的な貧民救済の手段を欠いていた一八世紀のフランス社会において貧民が日常生活をどのように維持していたかに関心を抱き、この概念を貧民の生存戦略を表現するものとして提出した。(34)現在の歴史研究でのメイクシフト概念は、短期的あるいはローカルな福祉の資源の利用一般を意味するものとして使用されるようになっている。貧民のメイクシフト・エコノミーは、家族や親族のネットワークからの支援、近隣関係、救貧法による公的救済、慈善団体による支援など複合的な要素から成り立っていた。犯罪や売春さえもメイクシフトの手段と見なされている。(35)

「貧民の語り」を構成する資料とは、まず救貧当局に対して提出された手紙である。こうした史料の作者は、第一人称で書かれていることから本人が執筆したものとされてきたが、実際には、そのテクストからは複数の人物の声を聞き取ることができ、多くは第三者（貧民の近隣者、友人、親類、地主、雇用主、治安判事、救貧吏員など）によって書かれたものであったことが指摘されている。さらに、手紙の時代別の分布をみると、時代があとになるほど数が増大し、また、文章が洗練されてくることが確認されている。その原因としては、コミュニケーション手段の発達があげられるが、貧民たちが利用できる語りのパターンが増大したことも指摘されている。今日でいう『手紙の書き方』のような手引書《マニュアル》が出版され、その最後のページには救済を要求するための手紙の模範例が載せられていた。貧民たちは、こうした「文化的テンプレート」が流通する言語環境のもとで、手紙などのエゴ・ドキュメントを作成することが可能となっていたのである(36)。

貧民たちは、こうした「物語の技法」を用いてみずからの窮状を訴える手紙を執筆した。そうした書簡では、救貧当局の同情を引く言語を用いながら、「貧民」としての表象を巧みに構築していった。貧民は、弱者としての「スクリプト」を作成して、それを当局の前で「パフォーマンス」していたといえよう。これに関連して、とりわけ女性の貧民をめぐって、貧民が自立的な存在だったのか、従属的な存在だったのかという「自立・従属」論争が、フェミニスト史家によって行なわれている。たしかに、貧民が単なる慈善の受け手ではなく、表象を巧みに利用しながら救済を引き出そうとした点で、主体の自立性が強調されることがある。だが、それは「合理的な選択」の主体という意味でも、また、かつての民衆蜂起をめぐるモラル・エコノミー論で語られた「弱者の武器」を威圧的に用いる主体でもない。何よりも貧民は、社会経済的に困窮した状況にあり、アクセスできる資源は豊富とはいえず、しかも救貧吏員との関係では圧倒的に不利な従属的な関係に置かれていた。「貧しき民衆」という表象の構築は、弱者という立場での交渉を行なう戦略だったのであり、自立でもなく従属でもない二つの中間地帯を意味する再帰的行為だったのである。ここには、構造に規定されつつも、相対的に自立した行為を遂行するポスト言語論的転回の主体認識が示されている。[37]

一九世紀初頭は旧救貧法の限界があらわになり、救貧税の高騰によって担税者意識が覚醒され、自由主義的な救貧法改革が模索された時期でもあった。通常、この改革は、最大多数の最大幸福を唱えるベンサム的な功利主義によって主導されたと言われているが、近年はレッセ・フェールに対して家父長的な保護を要求する福音主義的イデオロギーが果たした役割を重視する向きもある。しかし、こうした歴史理解に対して異論が提出されている。貧民たちは、近世の社会政策の基軸にあった旧救貧法の「スクリプト」を十分に理解することによって、貧しき民衆としての表象を構築して、そこからの救済を引き出すことに成功する。これによって救貧税の高騰がもたらされ、救貧法改革をはじめとする社会改革が促されていったとすれば、伝統社会から近代社会への移行をもたらす主体となったのは貧民たちであったという解釈になる。「貧民の語り」に注目することにより、ここでも従来とは異なる近代史像が見えてくるのである。[38]

（4）奴隷の語り《キャプティヴ・ナラティヴ》

帝国史の文脈では、近年リンダ・コリーが相次いで発表している一連の著作の方法論的基礎にあるのも、こうした「パーソナル・ナラティヴ」をめぐる問題である。リンダ・コリーは、イギリスのナショナリズムや国民国家の形成を論じた『ブリテン人』(一九九二年)[39]の著者として有名であるが、その後は射程をグローバルな歴史叙述にまで拡大して、積極的な問題提起を行なっている。『囚われた人びと』(二〇〇二年)は、帝国拡大の過程で虜囚となった民衆の語る物語を通じて[40]、また『世界史のなかの女性』(二〇〇七年)は、エリザベス・マーシュという一人の女性の航海の軌跡に焦点を当て、彼女の綴った旅行記を通じて、世界各地での文化的遭遇の事例を提供しようとするものである[41]。「パーソナル・ナラティヴ」を導入することによって、帝国史ならびにポストコロニアル研究のなかで前提とされてきた「大きな物語」を書き換える可能性を探求しようとしているのだ。

ここでいう「大きな物語」とは、エドワード・サイードの『オリエンタリズム』(一九七八年)によって提示された、植民地主義ないしは帝国主義の進展の過程で集合的表象の果たした役割に関するものである。すなわち、西欧は、さまざまな二項対立を設定することによって「オリエント」を本質化して捏造し、自己を定義することになったというものである。しかし、コリーは、こうした集合的表象を形成してきたテクストの性質を問題化する。西欧の植民地事業が産出したテクストは、植民地官僚、商人、聖職者、知識人、旅行家といったエリート階級によって執筆されてきたもので、特権化された優越者の立場から叙述されている。これに対して、コリーの取り上げる物語は、従来は見過ごされてきた奴隷や女性といった、主として弱者の立場から叙述されるものとなる。ヨーロッパ人は、地中海世界、アメリカ新大陸やインドにおいて、イスラーム教徒やアメリカ先住民などによって捕らえられ、捕虜や奴隷となり拘束を受けていたというのである[42]。

囚われ人の語りは、カトリックの諸国であれば、主として専門の修道会などを通じて著述されるのがほとんどであった。しかし、プロテスタントのイギリスでは、帰還した捕虜たちは、こうした団体が存在しないために独自の回路を通じて語りを行なった。ここに、エリートとは異なる民衆独自の視点が表出されることになる。捕虜の物語は、一般的に敵と見なされる非ヨーロッパ人によって捕らえられた男女が捕虜としての体験を語り、最終的には、解放されたり脱走したりするというプロットから構成されている。ある者にとっては、囚われの身となることは、世界が転倒すること、ヨーロッパ人ないしはキリスト教徒であるという自己をくるんでいた保護膜に穴が空くことを意味していた。囚われ人の体験談の出版は、奴隷になる以前の自己を回復するため、そして献身的なプロテスタントとしてのアイデンティティを再構築するためでもあった(43)。

こうした囚われ人の語りは、文化的遭遇のドキュメントとして特別の性質をもっており、通常の生活から隔離され、慣れ親しんだアイデンティティや身分の記号を剝がされ、差異との恐怖に満ちた接触に曝されている、いわば境界状況に置かれている男女の心理的状態をのぞく窓の役割を果たしている。たしかに、体験談で語られる奴隷生活は、残虐で恐ろしいオリエントという、ヨーロッパでは支配的な偏見に満ちた物語を強化しているかのようである。しかし、捕虜自身が語る物語のなかには、「他者」という言葉では一般化できない、みずからのイギリス社会での体験に基づく「差異」を自覚化させられるエピソードも含まれていた。たとえば、北アフリカでの捕虜の体験談では、小規模商人や船乗りなど階級的に見れば母国において社会的上昇の展望がなく貧困な人びと、また、宗教的に見ればイングランド国教会体制から排除されている非国教徒の話が存在する。そのように母国では社会的不利益を被ってきたイギリス人にとって、イスラーム社会が社会的上昇の絶好の機会を提供する場

として認識されたことがその体験談には示されているのだ。(44)

奴隷というかたちでの文化的遭遇は、植民地主義や帝国主義という「大きな物語」について何を語ってくれるのだろうか。近世のヨーロッパ人にとって「他者」のイメージを喚起するのは、アメリカ先住民やインド人ではなく、主として地中海で遭遇するトルコ人であった。奴隷となった記憶に基づくイギリス人の知識や偏見は、植民地化の試みに翻訳されることはなかった。オリエントは西欧が支配者を演じる「帝国の劇場」ではなく不安と恐怖を呼び起こす存在であった。囚われ人の語りから見えてくるのは、西欧の偏見やオリエントに関して収集された情報が、帝国主義や植民地主義的進出を遅らせ、かつその障害となっていたことである。現在のグローバル・ヒストリーでは、近世のヨーロッパがアジアに比べて決して経済的・政治的に優位ではなかったことが強調されている。こうした「パーソナル・ナラティヴ」が紡ぎ出した「不安」や「恐怖」という、同時代人の記憶や表象にまとわりつく心性は、当時の世界における西欧の相対的位置を反映している。このことはまた、「西欧の勃興」と呼ばれる事態が直線的にではなく、跛行的に進んでいった点を明らかにしているのである。(45)

小括

女性や貧民、そして奴隷など、これまで無視されてきた民衆の姿を歴史のなかに復元する歴史学の動向は、新しい「下からの歴史」とも呼ばれていて、現代歴史学のなかでひとつの大きな潮流を形成しつつある。かつて、一九六〇年代や一九七〇年代に提唱された「下からの歴史」は、歴史のなかに失われた民衆の姿を復元することによって、上からのエリート史観を批判する豊かな歴史像を提供してきた。しかし、それは、民衆運動や民衆文化に焦点を当てながら集団行動を導きだす共同性を前提とするあまりに、そこにはらまれる個と共同性の緊張関係を見失ってしまい、やや一面的な認識に帰結することになりはしなかったか。その後、集団としての民衆の解放という「大きな物語」は、ポストモダンの潮流のなかで消滅していくことになった。しかし、「個人の語り」は、個人を起点とすることによって「大きな物語」の書き換えを迫りながら、歴史の変化を捉えることに成功しているといえよう。

言語論的転回から三〇年。日本での言語論的転回は、文学と歴史学の間の論争や、従軍慰安婦論争での実証主義史学かオーラル・ヒストリーかという争点に見られる、ごく限定された領域で展開されてきた感がある。(46) その結果、言語論的転回のもつ可能性や全体像も示されないままに、反発と対立を惹起することになってしまった。欧米での言語論的転回は、「物語の復権」というかたちで提起され、さらに、そこにはらまれていた構造主義的な理解を乗り越えるものとして「主体の復権」が唱えられるようになった。そして、ポスト言語論的転回のなかで「物語の復権」と「主体の復権」が交錯する状況の下で展開しているのが、「パーソナル・ナラティヴ」論なのである。本章は、欧米における言語論的転回の軌跡を追いながら、その全体像を示しつつ、到達点としての「パーソナル・ナラティヴ」の実践例を紹介したものである。そこでは、伝統的歴史学の諸前提、すなわち因果関係、変化、作者の意図、人間の営為や社会による決定などの問題が、より洗練されたかたちで論じられているように思われる。それはまた、ポストモダンを通過した時代においての「歴史的なものへの回帰」の現象を示しているといえようか。

(1) Richard Rorty, *The Linguistic Turn: Essays in Philosophical Method with Two Retrospective Essays*, Chicago: University of Chicago Press, 1967.
(2) Hayden White, *Metahistory: The Historical Imagination in Nineteenth Century Europe*, Baltimore: Johns Hopkins University Press, 1973.
(3) Clifford Geertz, *The Interpretation of Cultures*, New York: Basic Books, 1973(吉田禎吾ほか訳『文化の解釈学』全二冊、岩波書店、一九八七年).
(4) Lawrence Stone, "The Revival of Narrative: Reflection on a New Old History", *Past and Present*, no. 85, 1979, pp. 3-24.
(5) Lawrence Stone, "History and Postmodernism", *Past and Present*, no. 135, 1992(大久保佳子訳「歴史学とポストモダン」『思想』第八三八号、一九九四年).
(6) Richard Evans, *In Defence of History*, London: Granta Books, 1997, pp. 198-202(今関恒夫・林以知郎監訳『歴史学の擁護——ポストモダニズムとの対話』晃洋書房、一九九九年、一五九—一六〇頁). 一九九〇年代から二〇〇〇年代初頭にかけての欧米あるいは日本で、言語論的転回を射程に入れた歴史学方法論に関するテクストがあいついで刊行されるが、そこでは、「危機」や「アポリア」など、歴史研究に対する不安と懸念がにじみ出たタイトルが冠せられることになる。たとえば、Gérard Noiriel, *Sur la "crise" de l'histoire*, Paris: Belin, 1986(小田中直樹訳『歴史学の〈危機〉』木鐸社、一九九七年)、小田中直樹『歴史学のアポリア――ヨーロッパ近代社会史再読』山川出版社、二〇〇二年。

(7)　Gareth Stedman-Jones, *Languages of Class: Studies in English Working Class History, 1832-1982*, Cambridge: Cambridge University Press, 1983, chap. 2(拙訳『階級という言語――イングランド労働者階級の政治社会史　一八三二―一九八二年』刀水書房、二〇一〇年、第二章). 広くイギリス社会史における構築主義的傾向については、本書第1章を参照。

(8)　Gareth Stedman-Jones, "The Determinist Fix: Some Obstacles to the Further Development of the Linguistic Approach to History in the 1990s", in Gabriel Spiegel(ed.), *Practicing History: New Directions in Historical Writing after the Linguistic Turn*, London: Routledge, 2005.

(9)　ギャレス・ステッドマン・ジョーンズ「日本語版への序文」『階級という言語』xii頁。

(10)　Peter Burke, *What is Cultural History?*, Cambridge: Polity Press, 2008(拙訳『文化史とは何か　増補改訂版』法政大学出版局、二〇一〇年); Miguel Cabrera, *Postsocial History: An Introduction*, Oxford: Lexington Books, 2004; Elizabeth A. Clark, *History, Theory, Text: Historians and the Linguistic Turn*, Cambridge Mass.: Harvard University Press, 2004; Geoff Eley, *A Crooked Line: From Cultural History to the History of Society*, Ann Arbor: University of Michigan Press, 2005; Keith Jenkins, *Re-thinking History*, London: Routledge, 2003(岡本充弘訳『歴史を考えなおす』法政大学出版局、二〇〇五年); Gabriel Spiegel(ed.), *Practicing History: New Directions in Historical Writing after the Linguistic Turn*; W. H. Sewell Jr., *The Logics of History: Social Theory and Social Transformation*, Chicago: University of Chicago Press, 2005.

(11)　Gabriel Spiegel, "Introduction", in Spiegel(ed.), *Practicing History: New Directions in Historical Writing after the Linguistic Turn*, pp. 2-5.

(12) Peter Burke, "History of Events and the Revival of Narrative", in Peter Burke(ed.), *New Perspectives on Historical Writing*, Cambridge: Polity Press, 1991(谷川稔訳「事件史と物語的歴史の復活」ピーター・バーク編，谷川稔ほか訳，『ニュー・ヒストリーの現在――歴史叙述の新しい展望』人文書院，一九九六年).

(13) Sara Maza, "Stories in History: Cultural Narratives in Recent Works in European History", *American Historical Review*, 101, 1996; Karen Halttunen, "Cultural History and the Challenge of Narrativity", in Victoria Bonnell and Lynn Hunt(eds.), *Beyond the Cultural Turn: New Direction in the Study of Society and Culture*, Berkeley: University of California Press, 1999; Peter Burke, *What is Cultural History?*, pp. 123-124(拙訳『文化史とは何か　増補改訂版』一七七―一七八頁).

(14) ギャレス・ステッドマン・ジョーンズ「日本語版への序文」『階級という言語』xi 頁。

(15) Lynn Hunt, *Politics, Culture, and Class in the French Revolution*, Berkeley: University of California Press, 1984(松浦義弘訳『フランス革命の政治文化』平凡社，一九八九年).

(16) Peter Burke, *What is Cultural History?* pp. 123-127(拙訳『文化史とは何か　増補改訂版』一七八―一八二頁).

(17) Gabriel Spiegel, "Introduction", in Spiegel(ed.), *Practicing History: New Directions in Historical Writing after the Linguistic Turn*, London: Routledge, 2005, pp. 18-22.

(18) Ibid., pp. 11-17.

(19) Peter Burke, *What is Cultural History?*, pp. 93-99(拙訳『文化史とは何か　増補改訂版』一三五―一四二頁); Peter Burke,, "Performing History: The Importance of Occasions", *Rethinking History*, vol. 9, no. 1, 2005.

(20) スキーマ概念などの物語理論に関しては，西田谷洋『認知物語論とは何か?』ひつじ書房，二〇〇六年などを参照。

(21) Mary Jo Maynes, Jenniffer L. Pierce and Barbara Laslett (eds.), *Telling Stories: The Use of Personal Narratives in the Social Sciences and History*, Cornell: Cornell University Press, 2008, pp. 1–11.

(22) Mary Jo Maynes, Jenniffer L. Pierce and Barbara Laslett (eds.), *Telling Stories*, chap. 1.

(23) Jean-François Lyotard, *La condition Postmoderne: Rapport sur le Savoir*, Paris: Minuit, 1979 (小林康夫訳『ポストモダンの条件――知・社会・言語ゲーム』水声社、一九八六年). 諸学問分野におけるナラティヴ研究の状況については、野口裕二編『ナラティヴ・アプローチ』勁草書房、二〇〇九年を参照。

(24) Mary Jo Maynes, Jenniffer L. Pierce and Barbara Laslett (eds.), *Telling Stories* chap. 3.

(25) Carolyn Steedman, *Landscape for a Good Woman: A Story of Two Lives*, London: Virago, 1986.

(26) Geoff Eley, *A Crooked Line: From Cultural History to the History of Society*, pp. 172–173.

(27) Carolyn Steedman, *Landscape for a Good Woman*, pp. 5–24.

(28) Carolyn Steedman, *Landscape for a Good Woman*, pp. 99–109; Carolyn Steedman, *Language, Childhood and Class*, London: Routledge, 1985.

(29) Carolyn Steedman, *Landscape for a Good Woman*, pp. 110–124.

(30) Tim Hitchcock, "New History from Below", *History Workshop Journal*, 57, 2004.

(31) Steven King, *Poverty and Welfare in England: A Regional Perspective*, Manchester: Manchester University Press, 2001.

(32) Tim Hitchcock, *Down and Out in Eighteenth Century London*, London: Hambledon Continuum, 2007.

(33) Alysa Levene (ed.), *The Narratives of the Poor in Eighteenth-Century Britain*, 5 vols, London: Pickering & Chatto, 2006.

(34) Olwen Hufton, *The Poor of Eighteenth-century France, 1750–1789*, Oxford: Clarendon Press, 1974.

(35) Steve King and Alannah A.Tomkins(eds.), *The Poor in England, 1700–1850: An Economy of Make-shifts*, Manchester: Manchester University Press, 2003.

(36) Steve King, "Introduction", in King et al.(eds.), *Voices of the Poor: Poor Law Depositions and Letters*, London: Pickering & Chatto, 2006.

(37) Alannah Tomkins, "Women and Poverty", in Hannah Baker and Elain Chalus(eds.), *Women's History: Britain, 1700–1850, An Introduction*, London: Routledge, 2005.

(38) Tim Hitchcock, "New History from Below", *History Workshop Journal*, 57, 2004.

(39) Linda Colley, *Britons: Forging the Nation 1707–1837*, New Haven: Yale University Press, 1992(川北稔監訳『イギリス国民の誕生』名古屋大学出版会、二〇〇〇年).

(40) Linda Colley, *Captives: Britain, Empire and the World 1600–1850*, London: Jonathan Cape, 2002.

(41) Linda Colley, *The Ordeal of Elizabeth Marsh: A Woman in World History*, New York: Pantheon Books, 2007.

(42) Linda Colley, "Perceiving Low Literature: The Captivity Narrative", *Essay in Criticism*, vol. 53, no. 3, 2003.

(43) Linda Colley, "Going Native, Telling Tales: Captivity, Collaboration and Empire", *Past and Present*, no. 168, 2000.

(44) Linda Colley, "Britian and Islam, 1600–1800: Different Perspectives on Difference", *Yale Review*, vol. 88, no. 4, 2000.

(45) Linda Colley, "Some Difficulties of Empire: Past, Present and Future", *Common Knowledge*, 12, 2005. り

うしたコリーの立場は、エドワード・サイードとの間で論争を呼ぶことになった(Edward Said, "Always on Top", *London Review of Books*, vol. 25, no. 6, March 2003)。

(46)　日本における言語論的転回以降の歴史学の動向としては、二宮宏之「歴史の作法」『シリーズ歴史を問う4　歴史はいかに書かれるか』(岩波書店、二〇〇四年)、小田中直樹「「言語論的転回」以後の歴史学」『岩波講座　哲学11　歴史／物語の哲学』(岩波書店、二〇〇九年)などを参照。

追記——本章のもとになる論文脱稿後、遅塚忠躬『史学概論』(東京大学出版会、二〇一〇年)を手にすることができた。日本における言語論的転回を踏まえての本格的な歴史学方法論の教科書として、また本文で触れた欧米の類書と比べても群を抜く緻密な構成をもつ著作として、日本の歴史学が世界的な水準にあること示す第一級の作品である。本章に関連して、この労作が是非とも参照されるべきである。

第5章　文化史研究の射程――「転回」以降の歴史学のなかで

はじめに

文化史研究は現在、世界の歴史家の間で「流行」となっている。その徴候は、さまざまな領域において確認することができよう。たとえば、二〇〇〇年以来、文化史に関する概説書の刊行が盛んになっている。フランス語の二冊、英語、ドイツ語、デンマーク語、イタリア語、スペイン語などなど。二〇〇四年イギリスでの『文化社会史』誌の創刊、フランスでの「文化史普及協会」の活動、そして、二〇〇七年にはアバディーン大学を拠点とする「国際文化史学会」が設立され、独自の雑誌を刊行するにいたっている。研究機関での学科の再編成も、文化論を基軸に進展している。もちろん、大学レヴェルでの研究機関としては、フランスのアナール学派が健在であり、民間でも文化史を支える研究機関が各地に存在する。そして文化史が「全体史」の構想の中心に位置するとみる歴史家も少なくないのである。(1)

しかし、このような現象レヴェルでの文化史の流行を指摘しただけでは、賢明な読者には、次のような疑問がおのずとわき起こるであろう。すなわち、「文化史の流行」なるものは、かなり前から存在していたのではないかと。政治史、経済史、社会史と区別される歴史学のジャンルとしての文化史は、ランプレヒト論争に見られるように一九世紀にランケ流の政治史が確立していたドイツ語圏でも、異端としてではあるが存在していたし、二〇世紀後半には社会史の台頭とあいまって、文化史が語られる機会も多くなった。とりわけ、民衆文化史は文化研究(カルチュラル・スタディーズ)の源流として言及され、歴史人類学の隆盛は記憶に新しいところである。したがって、まずは現在の文化史というものが、どのような点で過去の文化史と異なっているのか、この点を明らかにすることが必要なように思われる。文化史の現段階を明らかにするための史学史的検討が求められているのである。

現在の歴史学は、文化論的転回を遂げていると言われる。いや広く見れば、人文社会科学一般が、文化論的転回を遂げてきている。このことは、文化史が、歴史学の方法論的ならびに理論的な可能性の地平を体現する存在となってきていることを意味している。そして、この文化史への傾斜を意味する文化論的転回は、さまざまなる「転回」の一翼を形成しているにすぎない。それは、いわゆる言語論的転回に端を発し、また帝国史のブーム(帝国論的転回)をひとつの形態とする「空間論的転回」などを含んでいる。この「転回」の歴史的意義は、歴史における複雑な因果関係・相互関係の理解を深め、「主観性」(subjectivity)ないしは「人間性」(personhood)に関する認識を刷新していったことにあるといわれている。[(2)] 本章では、こうした諸「転回」以降の歴史学を「現代歴史学」と呼ぶことにし、このポスト「転回」の段階にある現代歴史学の潮流のなかに文化史研究を位置づけ、その可能性の一端

を明らかにする。(3)

こうした転回以降の潮流のなかでも、英語圏にあって卓越した存在として文化史研究を牽引しているのが、ピーター・バークである。もともとヨーロッパの史学史を研究対象としていたバークは、多様な系譜をもつ文化史研究の地平を切り拓いていくには有利な立場にあったといえよう。いわば、バークは、知的「管制高地」を掌握し、マルクス主義、歴史人類学、社会学、美術理論、最近では認知科学やパフォーマンス論を取り込みながら、他の領域と積極的に交渉ならびに対話を行ない、戦略的に文化史のフロンティアを開拓してきたのである。(4) 以下では、まずバークによりながら、史学史的に理論的系譜を踏まえて文化史の展開を明らかにしていこうと思う。次にバークの諸作品とそれに影響を受けたジェンダー史の実践を文化史研究のフロンティアとして現代歴史学のなかに定位し、その射程が内包するものについて若干の展望を示すことにしたい。

一　文化史研究の系譜

バークによれば、一九世紀から現在にいたるまでの文化史の展開は、いくつかの段階に区分できるという。一九世紀から二〇世紀前半の「古典的」段階、その後、一九三〇年代の美術史を経て、一九六〇年代の民衆文化史、そして、現在の「新しい文化史」の段階である。ここでは、「文化史」に関わる二つの視点、すなわち文化史アプローチの「対象」と「方法」をめぐる変遷をたどることにし

よう。(5)

(1) 古典的文化史

一八〇〇年から一九五〇年代にいたる時期は、文化史研究の古典的時代と呼ばれている。この時期の代表的な作品には、スイス人史家のヤーコプ・ブルクハルトの『イタリア・ルネッサンスの文化』(一八六〇年)(6)、オランダ人史家のヨハン・ホイジンガ『中世の秋』(一九一九年)(7)などが含まれている。これらの文化史研究のモティーフとなっていたのは、「ある時代の肖像」を描くのが歴史家であるという理解であり、文化史家が、美術、文学、哲学、科学などの大作を意味する「正典」という古典的作品の歴史に集中していたという点でも、この時期は「古典的」時代であったといえる。こうした文化史家は、多様な芸術領域の間に見られる関連性をヘーゲルらの哲学者にならい「時代精神」と呼ばれるものの文脈に置くことで理解しようとした。

たとえば、ブルクハルトは、学問的な仕事では、古代ギリシアからイタリア・ルネサンスへといたる広範な領域を守備範囲に入れていたが、出来事の歴史を重要視せずに、過去の文化を呼び起こし、そのなかでの「繰り返され、恒常的で、類型的な」要素を強調することを好んで実践した。彼は「直観」的方法によって、その時代の美術と文学を研究して、事例や逸話、そして引用によって例証した体系を生み出しつつ、それを生き生きとした散文体で描き出した。ヨハン・ホイジンガは、「直観的把握」という方法論の点ではブルクハルトの継承者でもあり、文化史家の主たる目的が文化のパターンを描くことにあると宣言した。ホイジンガの主著『中世の秋』は、その宣言を実践に移したもので、中世は「情熱的で暴力的な時代精神」という形式の枠組みを必要としており、信仰と同じく、恋愛と戦争は、儀礼化され、美学化され、規則にしたがっていたのだという。

このように古典的段階の文化史は、エリート文化、すなわち、上流階級の教養ないしは芸術としての文化に関心をよせていた。また、方法論的には、文化の直観的把握とその体系化に関心をよせており、文化史の目的をパターンの発見に置いていたといえるだろう。しかし、こうした文化史に対しては、主としてマルクス主義の立場からの批判が行なわれることになる。それは、古典的文化史が、経済的・社会的土台との関連性を欠いて「宙に浮いた」議論を展開していたからである。事実、ブルクハルトはイタリア・ルネサンスの経済的基盤について語るべきものをもたず、ホイジンガも黒死病の影響を無視して中世後期の死の感性の解釈を行なっていた。

（２）民衆文化史

民衆文化は、まさに伝統的な文化が消滅しようとしていた一八世紀末から一九世紀初頭に、ドイツのヘルダーやグリム兄弟によって発見された。これらは素人の中産階級知識人によって推進されたが、文化史家が民衆文化に注目するようになるのは、一九六〇年代を待たねばならなかった。今日のカルチュラル・スタディーズの起源と呼ばれる潮流が、一九六〇年代のイングランドで生まれ、このなかで民衆の文化が再発見されていくことになる。この時期のイギリスで文化に対する強い関心が生じた背景としては、戦後の経済復興、福祉国家の確立、大衆消費社会の成立といった文脈で、社会のアメリカ化が急激に進行しつつある時代に、「イングランド的」文化を再考しようとする意識が民衆文化への関心の再興とつながったことがあげられる。

一九七〇年代以降、民衆文化史の段階を経過した文化史の特徴は、人類学的方向への転回にあったといえる。古典的文化史の時代の「文化」は、高級文化を意味するものだったが、広範な芸術(イメージ、道具、家屋)や慣習行為(会話や読書)を含むようになった。こうした広い意味での文化概念は、旧くは一九世紀から見られる。エドワード・タイラー『原始文化』(一八七一年)[8]のように人類学者は「知識、信仰、技芸、道徳、法、慣習、社会の構成員として人間が獲得した能力や習癖を含む複雑な構成体」として文化を規定していた。日常性や相対的に社会的分業が未発達な社会への人類学的関心が、文化という言葉を広い意味で用いるよう歴史家に促していったのである。

他方、歴史家の側で人類学への関心が増大していったのは、どのような理由に基づくのだろうか。二〇世紀後半の指導的な歴史家の多くは、もともとみずからを社会史家と称しており、マルクス主義者ではなかったが、マルクスを高く評価していた。こうした歴史家がマルクス主義とは異なるかたちで文化と社会を関連づける方法を探していた時に、人類学に注目したのだった。文化人類学は、土台―上部構造モデルのように文化を社会の反映物と見なすことはなく、上部構造に還元するものでもなかった。文化のもつ相対的自律性を強調するようになったのである。また、民衆文化への関心の高まりは、歴史家にとって人類学をより重要なものとした。人類学者は、研究対象とする民族が自分たちの文化を理解していないという見下した前提を拒否しており、情報提供者によってもたらされるローカルで非公式の知識の価値を評価していたからだった。

(3) 新しい文化史

「新しい文化史」という言葉は、一九八〇年代の末に使われるようになった。この新しい文化史は、文化の領域の拡大や文化理論の台頭への応答として考えねばならない。こうした理論への関心こそが新しい文化史の傑出した特徴であり、とりわけ四人の理論家、ミハイル・バフチン、ノルベルト・エリアス、ミシェル・フーコー、ピエール・ブルデューが重要な人物となる。これらの理論家に共通するのは、表象と実践に関心をもつように促してきたことにあった。この二つの概念も文化史の方法的発展と対象の拡大のプロセスに位置づけられる。

「表象」を例にとってみよう。この概念は、イメージやテクストが単純に社会的現実を反映ないしは模倣していることを意味しているように思われている。しかし、新しい文化史の歴史家は、この意味に長いあいだ居心地の悪さを感じてきた。もとをたどれば、フーコーが「現実に対する理解の貧さ」を理由として歴史家を批判したことに始まる。その時から、フランスの歴史家は、「想像力の歴史」と呼ばれるものを推進してきた。

「実践」もまた、新しい文化史のスローガンのひとつである。これによって、神学の歴史よりも宗教実践の歴史、言語学の歴史よりも発話の歴史、科学理論の歴史よりも実験の歴史が研究されるようになり、また、旅行、コレクション、スポーツなども実践の視点から分析されている。実践の歴史のなかでも最も広く知られたものが、読書の歴史であろう。読書行為の歴史は、かつての著述業の歴史とも、また書籍取引や検閲などを研究する書物の歴史とも異なり、読者の役割、読書慣習の変化、印刷の文化的利用などを分析するようになってきた。

このように、文化史の発展は、古典的時代の文化史に対する批判というかたちをとって、二つの経路で展開した。ひとつは、研究対象の深化・拡大であった。従来、「文化」として考えられなかった日常生活レヴェルでの慣習や規範が含まれることになる。この文化概念が、必然的に人類学的アプローチとの親和性を見いだした。もうひとつは、方法論的な発展であった。古典的段階の歴史家の直観に依拠する方法は、印象主義的で裏付けを欠くとの批判にさらされてきた。文化概念が拡大するにしたがって、文化と社会との位置づけが問われることになったのだ。その後、マルクス主義は、文化と社会との関連を土台―上部構造という公式で解釈しようとした。そして人類学は、文化の自律性を主張することで、マルクス主義に代わる理論的枠組みを提供していったのである。

二　文化史研究の現在1――ピーター・バークの歴史実践

(1) 構築主義

一九九〇年代の文化史は、言語論的転回の影響を受けて、構築主義的傾向を帯びつつあるという。

構築主義的立場の定式化として影響力をもつ見解は、ミシェル・フーコーによって提出されている。フーコーは、「言説」を「語られている対象を体系的に構築する」実践と定義している。この構築主義の文化史では、「表象」そのものが構築される、あるいは「表象」という手段によって、知識、領域、社会階級、病気、時間、アイデンティティなどの「現実」が「構築」され「生産」されると考えられるようになった。つまり「表象」の「生産、流通、受容」といった一連のプロセスによって構築されるのだという。構築主義的歴史学の形成にとって大きな役割を果たした二つの書物、ベネディクト・アンダーソン『想像の共同体』とエリック・ホブズボーム&テレンス・レンジャー編『伝統の発明』に触発されて、この間に多種多様な研究が生み出されてきたのである。(9)

バークが『知識の社会史』第二巻(二〇一一年)で取り組んでいる「知識」の社会史をこの文脈で読み解いてみよう。(10) バークは、みずからの作品をカール・マンハイムとノルベルト・エリアスの知識社会学の系譜に位置づけている。マンハイムは、マルクスの図式に対して知識(思惟様式)の相対的自律性を主張し、他方でエリアスは宮廷社会に見られた「作法」の長期的変遷を文明化の過程での「図柄」として描き出すことになった。(11) このマルクスならびにヴェーバーの系譜に連なる戦間期の知識社会学の方法に対してバークが提示するのが、「知識」のいわゆる構築主義的な分析である。それは、第一部「知識実践」の構成に示されており、つまり知識が「知識」たりえるのは、収集、分析、流通、そして採用(受容)という一連の過程を通じてのことなのだとされている。

もちろん、バークはこうした知識の蓄積が人類に対して恩恵をもたらすという単純な進歩史観に立っているわけではない。知識が近代化の過程で民主化・体系化されたとするバークは、進歩の代償に目を配ることも忘れてはいない。特定の知識が残存する一方で、ローカルな知識が失われていき、また残された知識も分断化されていったのだという。こうした知識の構築のバランスシートを設定することで、近代に対する両義的な態度を示しているといってよい。その意味でバークは、ポストモダン的な立場をとっている。第三部「知識の社会史」は、知識の地理的配分、階級ごとの特性といった空間的・社会的配置を提示するだけではなく、知識が時系列的に膨張と収縮を繰り返している様相をも提示している。この点でも、グーテンベルグからWikipediaにいたる流れをフラットに描くのではなく、独特の歴史的リズムのもとに知識が構築されてきたことを明らかにするのである。

(2) 行為遂行《パフォーマンス》

構築主義はまた、ミシェル・ド・セルトーの文化理論にも多くを依拠している。セルトーは、日常生活が意図的に構築されることを強調しており、セルトーの理論に影響を受けて、「実践」そのものが構築されたものであることが意識されるようになっている。[12] つまり、「実践」は、「スクリプト」(台本・脚本)と「パフォーマンス」(演技)の二つの領域から構成されているというのだ。「パフォーマンス」への注目は、文化は固定的なものではなく、状況が異なれば同じ儀礼や物語でも変化するということを意味しており、個人の自由を重視する視点への転換であった。この考え方は、エスニシティ、ジェンダー、名誉、貴族、奴隷などをパフォーマンスするという観点から日常生活にも用いられるようになっている。たとえば、奴隷によって示される主人への従属は、誇張されたパフォーマンスと見なされ、主人の眼に映る範囲で恭順の姿勢が示されるという。[13]

バークのパフォーマンス論の実践は、『ルイ一四世』(一九九二年)という作品のなかに明瞭に見てとることができる。ルイ一四世の日常生活は、ほとんどが儀礼化ないしは劇場化されていたという。たとえば、ルイの「起床」と「就寝」は一種のバレエとして構成されており、王の食事は格式の度合いにおいて選別された聴衆の前で演じられるパフォーマンスと見なされるもので、「スクリプト」として機能していた。またルイは、宮廷生活の表舞台に登場するときは常に舞台に立っていたのであり、些細な身振りでさえもリハーサルが行なわれていた。他方で、国王の書斎ないしは個室は舞台裏として表現することができ、そこで国王は情婦でのちに妻となったマントノン夫人と時を過ごしたとされる。この舞台裏から表舞台への移動に際して見せる王の変化については同時代人が生き生きと描写しているが、ルイはスクリプトに基づいた日常性をパフォーマンスすることで、自己のイメージ(表象)を創出していったのである。[14]

こうしたパフォーマンス(あるいはパフォーマンスをめぐる表象)は、バークの言葉を用いれば、「表象の演出ないしは演劇に代わるもの」(representation of representation)であって、貴族、民衆、外国の宮廷、子孫にいたるさまざまな観衆にルイ一四世を視覚化させていった。そうした表象は、政治的な状況に影響を与えるという意味でリアリティを付与されていったが、それらは唯一のリアリティであったわけではなかった。戦士としての国王の表象と、戦場から距離を置こうとした実際の行動様式の間には矛盾があったからだ。このテクストと外部との関係というポストモダン的問題について、バークのルイ一四世論には次のような対極的な反応があったという。

伝統的な歴史家のなかには、私が国王の政策を論じるのではなく、ルイ一四世のイメージを真剣に取り上げ、イメージをテーマとする書物を執筆したことに驚く者がいた。他方で、ポストモダンな読者のなかには、テクストの外部に何者かが存在する、つまり表象の影に隠れた現実の個人の存在を示唆している点に不満を覚える者がいる。今日では、文化史家は難しい状況のもとで仕事をしなければならないのだ。(15)

（3）異種混淆性《ハイブリディティ》

文化的グローバリゼーションの帰結は、文化の均質化であるのか、それとも文化の異種混淆化であるのか。こうした論争は絶えることがないが、グローバル化の時代には文化史の新たな概念がつくり出されるようになっている。境界に閉ざされた文化空間を開いていくこと、これが課題となる。この課題の最たるものが、「辺境」と「遭遇」である。「辺境」を文化的伝播の「障壁」と見なす考え方が一方であり、たとえば、地中海世界で宗教改革が「否認」されたり日本人が椅子とテーブルの使用に抵抗したりしたように、「拒否反応」として意味されることがある。他方では、「辺境」のもつ文化の「遭遇」の場ないしは「接触圏」としての役割がある。この境界地域は、独自の混淆文化をもつ地域として立ち現れてくる。バークによれば、「文化史というものが、それに対する反発がありうるにもかかわらず、消え去りそうもないひとつの理由となっているのは、現代の文化的遭遇の重要性にある。つまり、それが過去の文化的遭遇を理解するという、差し迫った必要性をますます増大させているためである」という(16)。

この「遭遇」という用語は、一九九二年のコロンブス上陸五百周年をめぐる記念行事の過程で「発見」という自民族中心主義的な言葉に代わって使用されるようになったものだが、勝利者の視点に加えて、「征服された側の視点」に注目する。この主題に焦点を当てたバークの『文化のハイブリディティ』(二〇〇九年)は、文化的遭遇を解釈するにあたっての多様な理論と方法を検討している。そこでバークは、建築や図像などの「製作物」、翻訳や文学ジャンルなどの「テクスト」、宗教、音楽、言語、スポーツ、祝祭などの「習慣」、そして改宗者や捕虜などの越境する「人間」を対象としながら、文化の遭遇を記述する概念である「模倣と奪用」、「順応と交渉」、「混合、混合主義」そして、「異種混淆性」などを比較検討している。ここでバークが重視している、植物学に由来する「混淆」のメタファーの弱点は、「混淆」の過程がスムーズで自然な過程という印象を与えてしまい、個人の主体性を排除してしまう点であるとされる(17)。

人間の主体性や創造性に光を当てるという点での「混淆」に対する対案は、「翻訳」である。事実、最近では、異質な文化を理解することに関して、翻訳の仕事に似ているということから「翻訳」という言葉が用いられるようになっている。これは、たとえば伝道活動の歴史において、送り手の側が、ローカルな文化に等価物を発見するという翻訳行為を実践していたことで例証されている。受け手の側も、物産であれ観念であれ、「ブリコラージュ」することで翻訳を行なっていたことになる。他方で、「クレオール化」という言語学起源のメタファーは、第三の言語を生み出すための二つの言語の収斂現象を意味しており、それは、ある言語からは文法を継承して、別の言語からは語彙を継承するといったかたちで現象する。「クレオール化」という概念は、言語という対象を離れて、現在の文化の混淆を示す諸現象に対する分析ないしは記述の用語として、有効性が認識されるようになってきているのである。(18)

バークの『近世ヨーロッパの言語と社会』(二〇〇四年)は、国民国家の未形成な時期にあって現代のグローバル化の時代との近似性を示す近世ヨーロッパの文化空間における言語を対象として、これまで見たような「混淆」をめぐる理論的考察を具体化し実践したものである。近世の普遍的言語であったラテン語は、教会勢力と知識人の共同体での共通語として用いられたが、それを傘にして各地域の俗語群が競い合う関係にあり、ここに「二言語使用者」としての近世ヨーロッパのエリート像が姿をあらわしてくる。こうした俗語は、印刷技術の改良によるコミュニケーション革命によって特定の方言が勝利してのちの国民国家単位での標準化が進展する一方で、恒常化していた戦争に動員される軍隊などを通じて「混淆」していったのである。この混じり合う諸言語といった様相に特徴づけられる文化空間も、ナショナリズムの台頭と軌を一にして言語の標準化ならびに純化が進展していくことになったとされている。(19)

三　文化史研究の現在２——ジェンダー史の挑戦

（1）ポスト構造主義

次に新しい文化史の影響を受けて展開しているジェンダー史を取り上げてみよう。ソニア・ローズ『ジェンダー史とは何か』（二〇一〇年）は、歴史学の革新の先端に位置するといってよいほど進展の著しいジェンダー史の概況を知るうえで便利な書となっている[20]。ジェンダー史は、一九七〇年代のフェミニズムの影響を受けた女性史に起源をもっているが、とりわけポスト構造主義的なジェンダー理解が、その理論的支柱を提供することになった。ジェンダー史は、その後、男性史という分野を確立すると同時に、階級や人種といった差異をめぐる認識と絡まり合いながら領域を拡大していった。革命や国民国家の形成という伝統的な政治史的主題に関する研究も浸透して、新しい政治文化論の一翼を形成している。そこで共通しているのは、バークのいうところの「新しい文化史」の影響である。ローズは、次のように述べている。

ジェンダー史を実践するにあたり、学際的なアプローチが不可欠であることに異論はなかろう。それがピーター・バークのいうところの「新しい文化史」を構成するものと考えるのが有益となる。この「新しい文化史」は、ポスト構造主義を含み、それに影響を受けているが、必ずしもそれに還元されることのない折衷主義的な多様なアプローチを意味している。それどころか、本書で議論されているほとんどの研究は、「新しい文化史」の何らかの側面を利用しているか、それに関与しているのである。(21)

一九八〇年代半ばから一九九〇年代を通じてのジェンダー史の台頭と発展は、言語論的転回、ポスト構造主義、ポストモダンなどと多様なかたちで呼ばれてきたものと手を取り合いながら進むことになった。「言語論的転回」の立場に立つジェンダー史家は、言語と言説が、歴史的現実を構築するものと理解していた。このことは、多くのフェミニストの歴史家を不安にさせ、かつ当惑させることになる。というのも、彼女たちは、すべてのものが言語を通じて構築されるという理解には異を唱えていたからである。なぜなら、それは、「テクスト」ないしは書かれたもの以外には現実というものが存在しない、という印象を与えてしまうからだった。この新しい歴史学が進歩的なフェミニスト政治を軽視する「相対主義の迷宮」へとつながることを懸念する歴史家もいる。他方で、言説や言語が、すべてを説明すると考えられるマスター・カテゴリー(基軸概念)となっていると主張するものもいる。

ジョーン・スコットは、ジェンダー史の発展のなかでは中心的な人物であり、とりわけジェンダー史に対する理論的アプローチを推進していくことになった。しかしスコットは、フーコーやデリダに理論的に依拠しているために、排他的なかたちで歴史学へのポストモダン的アプローチを主張することになった。(22) 彼女の議論は、ジェンダー史・女性史研究者の間で方法論をめぐる熱い論争を喚起したが、ローズによれば、スコットのポスト構造主義的理解とは異なる「中道路線」を歩むジェンダー史家に注目しなければならないという。彼女たちは、ポスト構造主義のある面を採用しながら、社会的・物質的条件の問題や、「主観性」ないしは「歴史的アクター」の役割を歴史解釈に持ち込もうとしているのである。それは、ジェンダー史に「経験」と「主体」という観念を再び導入することを企図しており、いわばポスト言語論的転回段階の歴史学の登場ということを意味している。(23)

（2）主観性

これまでのジェンダー史では、一部の作品をのぞけば、「主観性」の問題に注意が払われてこなかった。ある研究者は、主観性を言説における主体の位置、それらが可能とする自己表象という観点から考察している。他方で、言説における主体の位置として概念化される主観性の理解には批判的な者もいる。後者は、ジョーン・スコットによって理論化された、ジェンダーに対する言語論的アプローチに批判的であり、主観性を心理的な状態と関連づけて、アクターが言説を利用することとその心理的効果の問題を区別する必要があると主張している。ローズによれば、スコットのようにジェンダーの理論から生きられた経験の観念を排除することは主観性の分析を不可能にしているのであり、言説や文化的表象が主体を構成するという理解には異議が唱えられるのである。またスコットの影響下にあるジェンダー史が、権力を構成し意味づける手段としてのジェンダーに狭く焦点を当てすぎているとも批判している。(24)

最近の研究は、かつてはジェンダー分析のもつ強みと考えられてきたものを、むしろ問題と見なすようになっている。ジェンダー史が失ってしまったものとは、日常的実践、他者との情動的な関係を通じて形成される人間の経験、自己と他者の双方に対する意識的ならびに無意識的な情動的な衝動を管理する、不断の過程を含むものとしての経験に対する視座であったとされる。したがって、「パーソナル・ナラティヴ」、すなわちエゴ・ドキュメントやライフ・ストーリーなどのアプローチを用いて、複雑な「主観性」を研究するものが登場してくる。[25]この分野ではイギリスのキャロライン・ステイードマンの研究が古典的著作となっているが、[26]ローズは戦時下における兵士と家族（とくに母親）の間で交わされた手紙の分析による家族間の情動的関係のもつ意味を再構成した研究に注目している。[27]

こうした作品がもたらしてくれるのは、精神分析、文化史ならびに社会史的な手法を動員して、精神の動態とともに特異な社会的文脈を考慮に入れた主観性の歴史である。この主観性へのアプローチには、ジェンダー史を考察するうえでのいくつかの重要な方法が内包されている。それが意図するのは、精神的、文化的、物質的な個人と社会との力学の相互作用を明らかにすることであり、それが内面の葛藤を生み出すことになるのだという。歴史への精神分析学的アプローチそのものは、新しいものではないが、個人の心理という視座から主観性を考察することは、ジェンダー史の新しい方向性を提出してくれる。ある意味では、初期の女性史やそれに影響を与えた社会史のように、こうしたアプローチは失われた人びとの声を「復元」する試みとなる。それらの作品は、権力や文化の中心から排除されてきた人びとの声を復元して語らせる歴史のように、諸個人の内部での「内なる声」を回復し、そこでの内的葛藤や矛盾した声を復元しているからである。[28]

（3）トランスナショナル

帝国や植民地主義に関心をもつフェミニストの研究者は、境界を設定され、自己充足的な歴史的拠点としての国民国家を超えていく歴史分析を行なってきた。そのような研究は、異なる地理的配置のなかでの諸民族間の接触や交流をジェンダーや権力の分析の中心的な対象としていくと同時に、そのような接触や交流のネットワークが、権力と支配のシステムのもとに発生していることが前提とされている。ここでローズが事例としてあげるのは、「モダンガール」と呼ばれるものによって代表される、一九二〇・三〇年代のメディアを通じた、女性らしさについての新しい解釈のトランスナショナルな創造についての研究である。そうした研究が示すのは、土着の観念を組み込んだ「モダンガール」のイメージが、ほかの場所から継承した要素によって修正され、変容していくことであった。[29]

トランスナショナルな空間を循環していたのは観念だけではなかった。旅行者、探検家、そして自発的ならびに非自発的な移民として、記憶の彼方の時代から人びとは、地理的な空間を超えて「移動を繰り返してきた」のであった。彼らはみずからが元いた地域に起源をもつ物質的な財や思想を運んでいたのであり、新たな環境のもとで見たこともないような財や生活様式と出会うことになった。最近の歴史家が境界を超える人びとの動きに注目していることは、ジェンダーとトランスナショナル、トランスボーダー、ないしは「トランスローカル」な流動性の関係に関心が移行していることを示している。そこでは、グローバル・ヒストリーや帝国史のコンテクストでのジェンダー化された主観性や感情の問題に注意を向けているのである。(30)

ジェンダーと移民に関する研究の多くが強調するのは、トランスナショナルな「家族」の構築の問題である。移民の「世帯」は空間を超えて分散しているが、それは夫をひとつの地域に、妻や子どもを別な地域に配置するジェンダー分業によって維持されている。多くの作品が移住や移民の経験に影響を与えるジェンダー化された経済的、広い意味での文化的要因を対象としている。ローズの書では、メアリー・チェンバレンのオーラル・ヒストリーを駆使した、イギリスにおけるカリブ海移民の研究が、移民の情緒的で主観的な側面を覗くための窓を開けてくれるものとして特筆されている。(31)それは、自由な移民、強制された移民、年季奉公の移民などイギリスに出入りするカリブ海移民の動態の分析を、カリブ海からのより長期の人の移動のなかに位置づけるものである。

移民の男女が基盤としていたのは、物質的ならびに情緒的な支援を与えてくれるものとしての「家族」のネットワークである。しかし、チェンバレンが注目するのは、男性と女性が移民の経験を異なるかたちで語っていたことである。移民のライフ・ストーリーのなかで、男性はイギリスでの定住の物語を語るために「私」という第一人称を用いて、カリブ海諸国からの移住について、自発的かつ一時的なものである、と冒険心と経済的な成功の観点から語って、独立した自立的な「自己」の感覚を表現していた。女性は集合的な「私たち」という言葉を用いて、愛する人からの別離のもたらす情緒的な落胆の感覚を表現し、他者との関連のなかで経験について語った。したがって、移民の男女の間で条件は同じだったのかもしれないが、説明と解釈の仕方は異なるものとなった。チェンバレンの描くような移民の物語が光を投げかけてくれるのは、グローバルでトランスナショナルな移住の過程に影響を受け、それに参加しているジェンダー化された主体(主観性)なのである。

小　括

これまでの文化史の流行には、それなりの理由があった。マルクス主義や歴史人類学などと交錯しながら、文化史が歴史理論を開拓する最前線に位置してきたからである。そして、現在のブームは、歴史学の「転回」と交錯しながら生じているといってよいであろう。バークにとっては構築主義として、ジェンダー史学にとってはポスト構造主義として語られる言語論的転回のインパクトは、文化史の領域で最も痛切に感じられることになった。象徴や言説が物質的利害に対して相対的自律性をもつという問題は、マルクス主義への批判として文化人類学が追求してきた主題だったからである。言語論的転回以降の文化史は、文化の自律性をさらに強調して、拘束力をもつ体系として理解するようになった。こうした文化認識は、歴史研究にひとつのアポリアをもたらす。歴史における主体を消去した結果、変化の位相を見失ってきたからである。現在の文化史研究は、これを「主体の復権」なるものによって乗り越えようとしている。(32)

歴史学における「主体の復権」という現象は、ポスト言語論的転回の中心的な位置を占めることになる。それは、言語論的転回の「拒絶」というよりも批判的継承であり、構造・主体関係を軸としてひとつの理論を展開している。ピーター・バークにとっての主体の復権は、「パフォーマンスへの転回」の背後にある「偶因論」(Occasionalism)として言及されている。それは後期デカルト派の言語を借用したもので、文化を固定的な規則の体系として捉える構造主義的概念への反発であり、その場に応じた「即興」の観点を重視するものだった。他方で、ジェンダー史学における「主観性」ないしは「主体」は、ジェンダーとセックス、言説と社会、そして観念と物質などの二元論を批判するもので、それらが調整される場ないしは過程を意味するものとなり、言語論的転回の限界を乗り越えるものと見なされている。つまり、伝統的なフェミニスト史学とポスト構造主義との「中間路線」をとる歴史家にとっての拠り所となっているのである。

ミクロに主体に焦点を当てることで人間の内面に傾斜していく方向性とならんで、マクロなかたちで既存の空間を超える空間論的転回の志向性も見てとることができた。文化の異種混淆性論は、グローバル化の時代に発生する文化遭遇の理解の方法として発展してきた概念であるが、現代と近世ヨーロッパとのアナロジーを見てとるバークは、「言語」を対象としながら文化の流動性、すなわち混淆の過程を明らかにしようとしているのである。他方で、身体論から主体性論を発展させてきたジェンダー史もまた、それをトランスナショナル／ボーダーな歴史過程に挿入することによって、もはや多文化主義論では十分に対処することのできない、越境する人びとに関わる現代的な問題に答えようとしている。バークが述べるように、「文化史研究はそうした問題のいくつかをより明晰な頭脳で考察できるようにする」[33]のである。

(1) Peter Burke, *What is Cultural History?*, Cambridge: Polity Press, 2nd ed., 2008, p. 130(拙訳『文化史とは何か　増補改訂版』法政大学出版局、二〇一〇年、一八五―一八六頁).

(2) たとえば、『アメリカ歴史学評論』二〇一二年六月号では、「「転回」以降の歴史学」という特集を組んで、ここ三〇年にわたる歴史学の総括を行なっている(“AHR Forum: Historiographic ‘Turns’ in Critical Perspective”, *American Historical Review*, vol. 117, no. 3, June 2012).

(3) 現代歴史学については、本書第6章を参照。

(4) バークの歴史家としての経歴については以下を参照。Maria Lúcia Pallares-Burke, *The New History: Confessions and Conversations*, Oxford: Polity Press, 2002; Peter Burke, “An Intellectual Portrait or the History of a Historian”, in Alun Munslow(ed.), *Authoring the Past: Writing and Rethinking History*, Cambridge: Polity Press, 2013.

(5) 以下は、主として、拙稿「文化史というアプローチ」井野瀬久美恵編『イギリス文化史』昭和堂、二〇一〇年による。また Peter Burke, *Varieties of Cultural History*, Cambridge: Polity Press, 1997 も参照されたい。

(6) Jacob Burckhardt, *Die Kultur der Renaissance in Italien*: Ein Versuch, Schweighauser, 1860(新井靖一訳『イタリア・ルネサンスの文化』筑摩書房、二〇〇七年).

(7) Johan Huizinga, *Herfsttij der Middeleeuwen*, Haarlem, 1919(兼岩正夫・里見元一郎訳『中世の秋』新装版〈ホイジンガ選集六〉、河出書房新社、一九八九年).

(8) Edward Burnett Tylor, *Primitive Culture: Researches into the Development of Mythology, Philosophy,*

Religion, Language, Art, and Custom, London: J. Murray, 1871(比屋根安定訳『原始文化――神話・哲学・宗教・言語・芸能・風習に関する研究』誠信書房、一九六二年).

(9) Peter Burke, *What is Cultural History?*(拙訳『文化史とは何か　増補改訂版』); Benedict Anderson, *Imagined Communities: Reflections on the Origin and Spread of Nationalism*, London: Verso, 1983(白石さや・白石隆訳『増補　想像の共同体――ナショナリズムの起源と流行』NTT出版、一九九七年); Eric Hobsbawm and Terence Ranger(eds.), *The Invention of Tradition*, Cambridge: Cambridge University Press, 1983(前川啓治ほか訳『創られた伝統』紀伊國屋書店、一九九二年).

(10) Peter Burke, *A Social History of Knowledge II: From the Encyclopaedia to Wikipedia*, Cambridge: Polity Press, 2011(井山弘幸訳『知識の社会史2――百科全書からウィキペディアまで』新曜社、二〇一五年). 論文集的な第一巻 *A Social History of Knowledge: from Gutenberg to Diderot*, Cambridge: Polity Press, 2000(井山弘幸・城戸淳訳『知識の社会史――知と情報はいかにして商品化したか』新曜社、二〇〇四年)に比べて、第二巻は通史的性格がより強くなっている。

(11) Peter Burke, "Norbert Elias and the Social History of Knowledge", *Human Figurations*, vol. 1, no. 1, 2012.

(12) Michel de Certeau, L'invention du quotidien./1, Arts de faire, 1980, Paris: Union Générale d'Éditions 1980(山田登世子訳『日常的実践のポイエティーク』国文社、一九八七年).

(13) Peter Burke, "Performing History: the Importance of Occasions", *Rethinking History*, vol. 9, no. 1, 2005.

(14) Peter Burke, *The Fabrication of Louis XIV*, New Haven: Yale University Press, 1992(石井三記訳『ルイ一四世――作られる太陽王』名古屋大学出版会、二〇〇四年).

(15) Peter Burke, *What is Cultural History?*, p. 90(拙訳『文化史とは何か　増補改訂版』一三〇頁).

(16) Peter Burke, *What is Cultural History?*, p. 121(拙訳『文化史とは何か　増補改訂版』一七四頁).

(17)　Peter Burke, *Cultural Hybridity*, Cambridge: Polity Press, 2009(河野真太郎訳『文化のハイブリディティ』法政大学出版局，二〇一二年).
(18)　Peter Burke and R. Po-chia Hsia (eds.), *Cultural Translation in Early Modern Europe*, Cambridge: Cambridge University Press, 2007.
(19)　Peter Burke, *Languages and Communities in Early Modern Europe*, Cambridge: Cambridge University Press, 2004(原聖訳『近世ヨーロッパの言語と社会——印刷の発明からフランス革命まで』岩波書店，二〇〇九年).
(20)　Sonya O. Rose, *What is Gender History?*, Cambridge: Polity Press, 2010(長谷川貴彦・兼子歩訳『ジェンダー史とは何か』法政大学出版局，近刊).
(21)　Sonya O. Rose, *What is Gender History?*, pp. 106–107.
(22)　Joan Wallach Scott, *Gender and the Politics of History*, revised edition, New York: Columbia University, 1988(荻野美穂訳『ジェンダーと歴史学』平凡社，一九九二年).
(23)　Sonya O. Rose, *What is Gender History?*, pp. 104–105.
(24)　Michael Roper, "Slipping Out of View: Subjectivity and Emotion in Gender History", *History Workshop Journal*, 59, 2005.
(25)　Mary Jo Maynes, Jenniffer L. Pierce and Barbara Laslett (eds.), *Telling Stories: The Use of Personal Narratives in the Social Sciences and History*, Cornell: Cornell University Press, 2008.
(26)　Carolyn Steedman, *Landscape for a Good Woman*, London: Virago, 1986. スティードマンに関しては，本書第2章を参照。
(27)　Timothy G. Ashplant, *Fractured Loyalties: Masculinity, Class and Politics in Britain, 1900–30*, London:

River Oram, 2007. こうしたエゴ・ドキュメントを駆使した研究の潮流に与する日本での研究としては、小野寺拓也『野戦郵便から読み解く「ふつうのドイツ兵」――第二次世界大戦末期におけるイデオロギーと「主体性」』山川出版社、二〇一二年が参照されるべきである。

(28) Sonya O. Rose, *What is Gender History?*, p. 109.

(29) Tani E. Barlow, Madeleine Yue Dong, Uta G. Poiger, Priti Ramamurthy, Lynn M. Thomas, and Alys Eve Weinbaum, "The Modern Girl around the World: A Research Agenda and Preliminary Findings", *Gender and History*, 17, 2005; Alys Eve Weinbaum et al., *The Modern Girl around the World: Consumption, Modernity, and Globalization*, Durham, N. C.: Duke University Press, 2008. 邦語文献では、伊藤るり、坂元ひろ子、タニ・E・バーロウ編『モダンガールと植民地的近代――東アジアにおける帝国・資本・ジェンダー』岩波書店、二〇一〇年。

(30) Tony Ballantyne and Antoinette Burton (eds.), *Moving Subjects: Gender, Mobility, and Intimacy in an Age of Global Empire*, Urbana: University of Illinois Press, 2009.

(31) Mary Chamberlain, *Family Love in the Diaspora*, New Brunswick, N. J.: Transaction Publishers, 2006; Mary Chamberlain, *Narratives of Exile and Return*, London: Macmillan Caribbean, 1997, reissued London: Transaction Publishers, 2005.

(32) 本書第4章を参照。

(33) Peter Burke, *What is Cultural History?*, p. 143(拙訳『文化史とは何か　増補改訂版』二〇二頁).

第6章　現代歴史学の挑戦──イギリスの経験から

はじめに

(1)「アクチュアリティ」?

歴史学研究会創立八〇周年記念シンポジウムにあたって、私に与えられたテーマは、「歴史学のアクチュアリティ」を論ぜよ、ということである。そもそも「アクチュアリティ」とは何か。例によって、オクスフォード英語大辞典や『広辞苑』などをひいて、その意味を確認してみた。これらの辞典類では、「アクチュアリティ」には、「現実性・実在」といった認識論的意味、また表現技法としての「写実主義」といった意味が当てられているようである。また『広辞苑　第六版』では、「時局性」といった意味も見受けられる。しかし、こうした定義では、どうも感覚的にしっくりこない。あれこれと思案しているうちに、次のような文章に出会うことになった。

遅塚忠躬著『史学概論』では、「歴史学が「問いかけ」に始まること、つまり現実 actualities についての問題関心から出発」するということが述べられている。

歴史学を含めた社会諸科学は、すべて、現実についての問題関心から出発している。……だが、現実に応えることを直接の目的としていない歴史学は、とかく、みずからの学問的営為が現実についての問題関心から出発していることを忘れたり、忘れないまでも、自己の問題関心を学問的に洗練する（漠然たる関心を学問的に意味のある問題設定にまで高める）ことをなおざりにしがちである。こんにち、歴史学においては、研究が高度化し細分化されるにつれて、それぞれの研究が何のためにおこなわれているのかが見えにくくなっている。(1)

この「問いかけ」の歴史学というのは、晩年の二宮宏之が実証主義に堕しつつある現在の歴史学を批判的に捉えて提唱したものである。(2)要するに、遅塚にとっての「歴史学のアクチュアリティ」とは、歴史学が現実から出発していること、そして問題関心を学問的に洗練することの必要性を意味しているといえる。本章は、この二つの点に留意しながら、「歴史学のアクチュアリティ」について若干の考察を行なうものである。そこで、まずは表題に掲げた「現代歴史学」ならびに「イギリス」という対象に関して、その意味するところを明確にしておきたい。

（2） 現代歴史学

現代歴史学とは何か。「現代」をどの時期と捉えるかによって、その意味するところはかなり異な

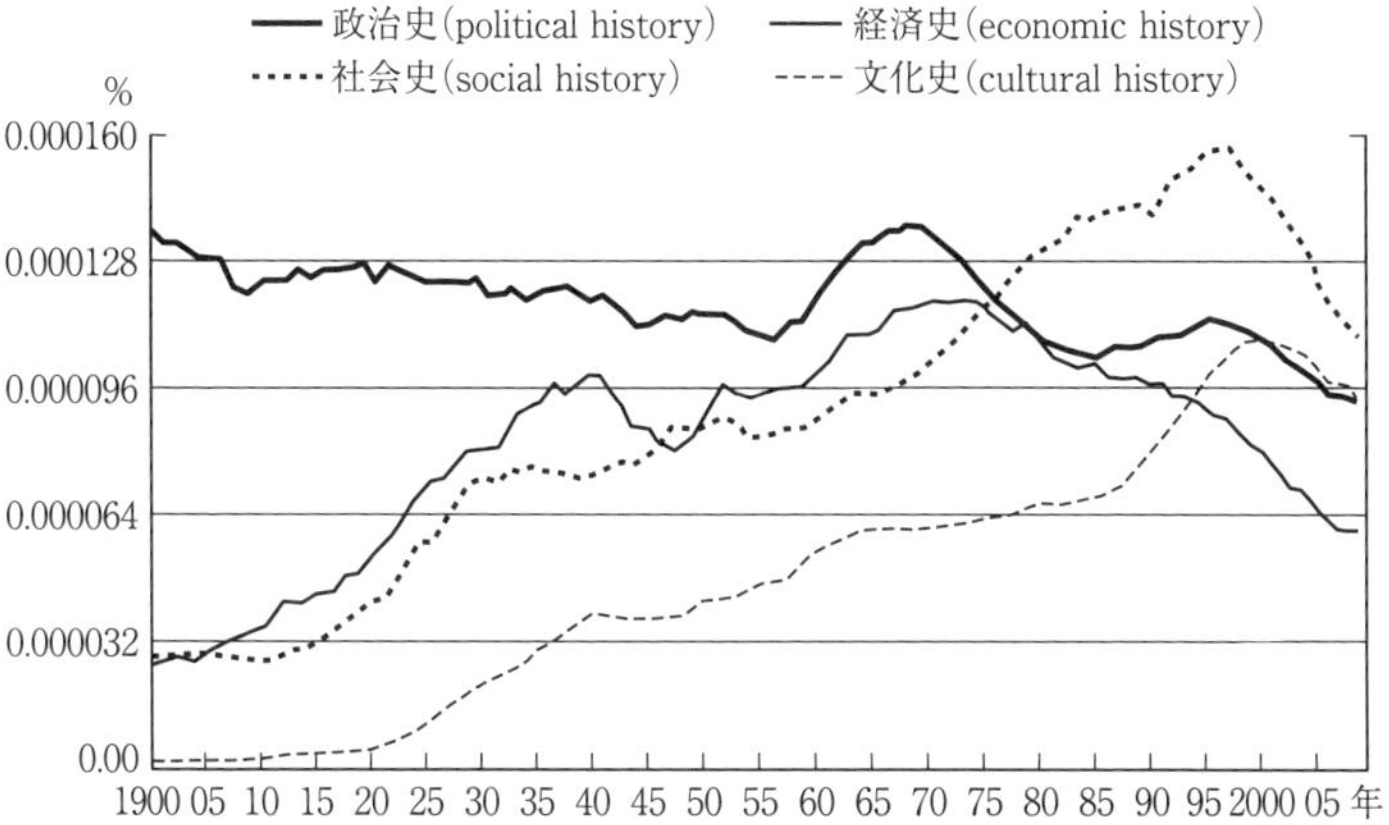

出典：Google Ngram

図1　書籍で使用された言葉(1900年～現在)

る。図1を見てみよう。これは、一九〇〇年から現在にいたる期間に、英語圏で刊行された書籍テクストでの言葉の使用頻度を示している。歴史のジャンル、つまり政治史、経済史、社会史、文化史といった言葉の頻度の変遷を見れば、この間の歴史研究の推移がおのずと明らかとなる。すなわち、世紀初頭には政治史が優位であったが、戦間期には経済史が台頭し、一九六〇年代以降に社会史が隆盛となり、その後に文化史が伸長する。かつて二宮宏之は、一九七〇年代から八〇年代にかけてアナール派の歴史学を紹介するなかで、戦後歴史学から社会史への転回が生じていることを指摘して、戦後歴史学以降の社会史を中心とした歴史学の大系を「現代歴史学」と命名した。ここでは、その社会史以降の歴史学を「現代歴史学」として時代区分をしたいと思う。

　では、社会史に代わる「現代歴史学」の実体とは何か。一九九〇年代以降の歴史学を特徴づける言葉は、

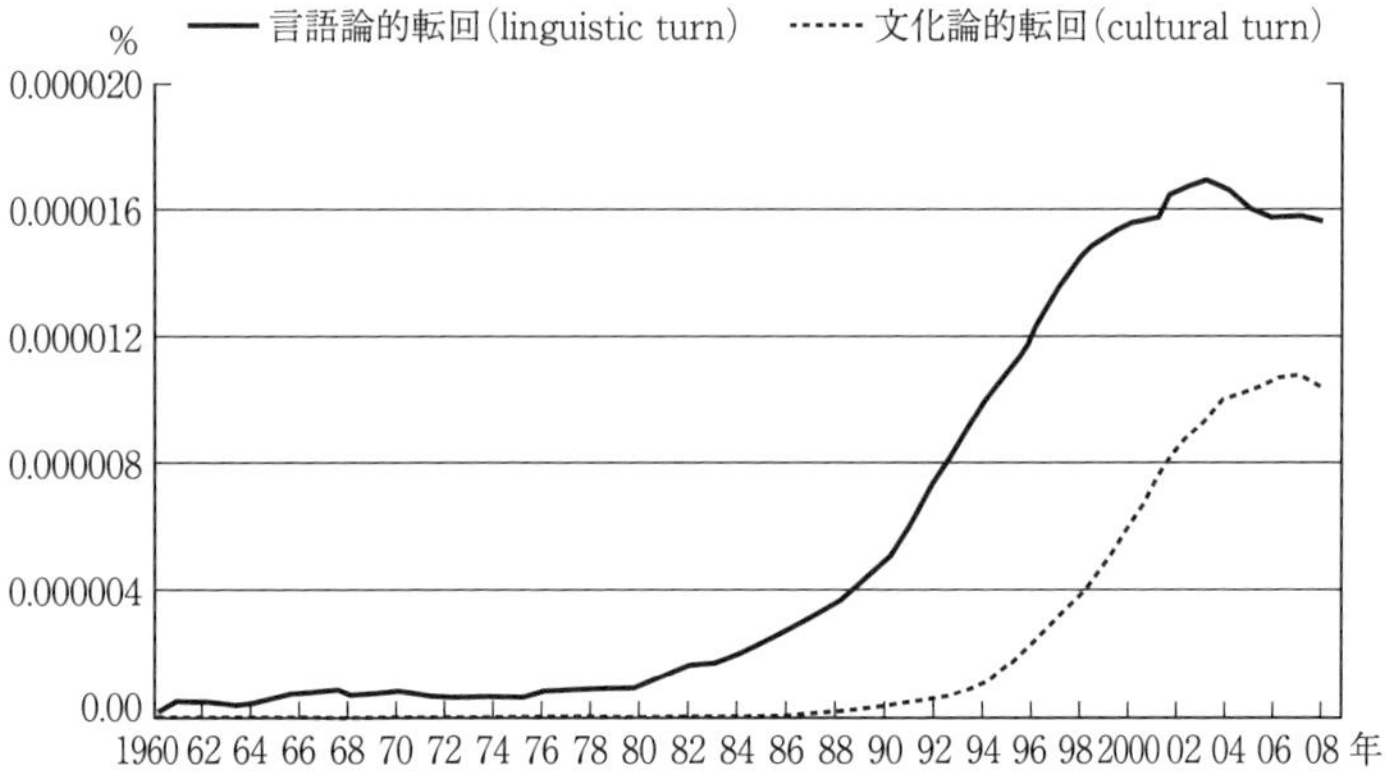

出典：Google Ngram

図 2　「言語論的転回」「文化論的転回」の使用頻度

「転回」である。この「転回」とは、いわゆる言語論的転回に端を発し、文化史への傾斜を意味する「文化論的転回」へと続く状況、また、帝国史のブーム（帝国論的転回）をひとつの形態とする、分析の対象となる空間を拡大しようとする「空間論的転回」を意味している。もちろん、言語論的転回や文化論的転回の知的起源や言語的起源は、遡ればかなり古い。だが、それらが人口に膾炙するのは、ポスト社会史の時期であると思われる。**図 2** を見てみよう。これは同じく「言語論的転回」と「文化論的転回」の使用頻度を表すグラフだが、二つの言葉の頻度がややタイムラグをともないながら、一九七〇年代以降上昇していくことがわかる。本章では、こうした諸「転回」以降の歴史学を「現代歴史学」と呼ぶことにしたい。

（3）現代イギリス

歴史家にとってのアクチュアリティは、個々の歴史家によって千差万別なものとなる。しかし、現代社会の問題状況の根源に新自由主義のもたらす弊害があるとすることに大方の異論はなかろう。サッチャリズムは、非妥協的な政治スタイルを貫き市場原理の導入による新自由主義的政策を追求してきたという点では世界的にも際立った存在である。事実、現代イギリスはサッチャリズムの登場以降、新保守主義と新自由主義を考察するうえでのモデルケースとなってきたといえよう。そうした現実に直面してイギリスの歴史家たちは、どのような問題関心を錬成していったのか。また、そうした問題関心をどのように学問的に洗練していったのか。本章では、現代イギリスにおいて歴史家たちが試みてきた自己革新の運動についての素描を行なう。サッチャリズムに直面して、それに応答する歴史家たちの営みからなにがしかの示唆を導きだしたいと思うのである。

以下では、まずサッチャーがみずからの新自由主義的な政策を推進するうえで唱導したヴィクトリア的価値をめぐって惹起された論争について取り上げる。それは、具体的には、フォークランド紛争の際の排外主義的なナショナリズムに端を発する愛国主義論争、イラク戦争の際に過去の帝国をめぐって引き起こされた帝国論争として展開していくことになった。次に、歴史学の内部での方法や認識をめぐる論争を扱う。言語論的転回に象徴されるポストモダンの思想潮流は「近代知の再審」の新たな段階を画しているように思われるが、英語圏を中心とするポストモダンをめぐる論争を取り上げたい。そして、歴史学がアクチュアリティと切り結んで展開した現代イギリスの歴史学をめぐる状況について一瞥する。最後に、イギリスにおいて現代歴史学の挑戦を体現してきたと思われるエリック・

ホブズボームへの追悼として、彼の歩みから現代を生きる歴史家たちへのメッセージを抽出することにしたい。

一　「ヴィクトリア的価値」論争

(1) サッチャリズム

サッチャリズムとは何か。それは、一般的には新保守主義と新自由主義とのイデオロギー的混成体であるといわれる。スチュアート・ホールの適切な表現を借りれば、国家、国民、家族、法と秩序といった伝統的なトーリー的保守主義のテーマを、新自由主義的経済政策と結びつけた「権威主義的ポピュリズム」こそが、その本質であった(3)。まず新保守主義という点からすれば、それは、イギリスの「国民の再生」を目指すプロジェクトであった。サッチャーによれば、イギリスはさまざまな分断に直面していた。すなわち、アイルランド、スコットランド、ウェールズなどで発生した独立運動による民族的分断、また労働組合によるセクト的利害の主張という階級的分裂である。そして、こうした「分裂」を促進しているのが労働党なのであるという。したがって、この分断を克服するうえでの障害物の除去が、サッチャー改革の目標として措定されることになる。

新自由主義についていえば、民営化による市場原理を導入して、肥大化した国家セクターを効率化し、広くは、有産階級の私的所有権を保護して財産処分の自由を拡大していくことを目的としていた。

それはすなわち、「ゆりかごから墓場まで」といわれた手厚い社会保障を削減し、福祉国家を解体することを意味していた。社会保障給付の後退は、特に若年層や母子家庭を直撃して、貧困と格差を拡大させ、社会に亀裂をもたらした。しかし、新自由主義をこうした一連の政策体系として理解するだけでは不十分である。それは、リーマン・ショック(金融恐慌)で終焉するような短命なる政治経済的プロジェクトではなく、持続性を帯びた価値観として人びとの内面に浸透していったからである。新自由主義は、それにふさわしい個人、新たな主体を創出していくことになるが、これこそが予想を超えて耐久性をもつイデオロギーの社会的基盤を提供していったのである。

サッチャーは福祉国家批判を進めるにあたって、一九世紀の古典的自由主義の時代を理想化して「ヴィクトリア的価値観」への回帰を唱えた。福祉国家への依存は、人びとから勤労意欲を奪い、英国病を生み出す元凶となっている、個人による自助と独立、そして起業家精神にあふれた、「社会などというものは存在しない」ヴィクトリア時代の価値観に戻ることで、イギリスの産業精神は衰退から復興を遂げられる、というのである。このヴィクトリア時代の歴史的実態をめぐって論争が始められることになった。「歴史の公的使用」が意識されるようになった今日、欧米ではホロコーストなどをめぐって歴史修正主義という「記憶をめぐる紛争」が発生しているが、ヴィクトリア的価値論争はそのイギリス版であったといえよう。(4) このヴィクトリア的価値論争は、いくつかの論点へと分岐していくことになる。

（2）愛国主義論争

ひとつは、フォークランド紛争時に勃興した愛国主義をめぐって行なわれた国民のアイデンティティをめぐる論争、いわゆる愛国主義論争である。一九八二年のフォークランド紛争は、マルビナス諸島の領有をめぐって引き起こされたアルゼンチンとの領土紛争であるが、「鉄の女」の異名をとるサッチャーの妥協なき断固とした政治スタイルを人びとに印象づけた点でも際立っており、これを機に一気に国内では排外主義的なナショナリズムが沸き起こることになった。こうした愛国主義の賞揚は、「権威主義的ポピュリズム」の常套手段である。産業構造の転換をはかろうとする新自由主義にとって、移行期の失業者の増加はいわば風土病的事態であるが、その不満を排外的ナショナリズムによって糊塗しようとするからである。この愛国主義の勃興が、愛国主義とは何か、そもそも「イギリス人らしさ」とは何かをめぐっての激しい論争を引き起こすことになった。

たとえば、「ウルトラ修正主義者」と呼ばれるジョナサン・クラークは、サッチャリズムの言説に呼応するかたちで、国民的アイデンティティの起源を探求すべく、独自の一八世紀イングランド社会論を展開していった。クラークは、伝統文化の擁護者としてイングランド社会の中核にある文化的特質を君主制・国教会・貴族制に求め、一八世紀の国制を大陸のそれと比定される「旧体制（アンシャン・レジーム）」として規定したのであった。その意味するところは、ホイッグ史観を否定して一七世紀のイングランド革命や一八世紀の産業革命の影響を極度に限定的なものに評価して、イングランド史のなかに現在にいたる強度の連続性を見てとろうとするものであった。その著書『イングランド社会』(一九八五年)は商業的にも成功を収め、クラークの著作は「長い一八世紀」の性格規定を学界の大きな争点としていったのである。(5)

リンダ・コリー著『ブリテン人』は、日本では国民国家論の著作として知られているが、イギリス史の文脈ではクラークに対する批判の書であり、それはイングランド中心史観に代えてブリテン史の観点からオルタナティヴな国民的アイデンティティを提起しようとした試みだった。すなわち、ブリテン人は、対仏戦争(第二次百年戦争)という文脈のなかで、異なる文化的背景をもつ諸民族が、「他者」であるカトリック・フランスへの対抗意識から「プロテスタント国民」としてのアイデンティティのもとに結集して構築されたものだったという。さらにいえば、一九世紀の諸改革は、奴隷貿易の廃止やカトリックの解放などを実現することにより、宗教や人種に関して多文化主義的なブリテン人の起源を提供することになったとされる。(6) ゴードン・ブラウン前首相は、同書を「ブリテン人とは何かを考えるうえで、常に「導きの糸」とする」と述べたが、その理由はこの点にあるといえよう。

(3)　帝国論争

次に、帝国をめぐる論争を取り上げてみよう。サッチャー政権期の一九八八年の教育改革法は、イギリス帝国の植民地政策を批判するような「自虐史観の偏向教育」を「是正」するために、ナショナル・カリキュラムで全国の授業内容を画一化し、全国共通学力テストを実施して学校別の評価を公表し序列化するという新保守主義と新自由主義の色彩を色濃くあわせもっていた。だが、帝国をめぐる論争が本格的に沸騰してくるのは、二〇〇二、三年頃となる。背景にあるのは、イラク戦争であった。ブレア労働党政権内部でも帝国の評価をめぐっては意見が分裂しており、それをリベラルな帝国主義として評価するクーパー卿のような人物、他方でそうした動きを牽制する潮流が見られた。そうしたなか、チャールズ皇太子の伝統復興運動と連動した帝国史の復権がはかられ、帝国史を中等教育のカリキュラムに導入し、大学受験科目に加えようとする運動が行なわれるようになったのである。(7)

こうした動きの中心にいたのが、帝国史家ニール・ファーガソンである。ファーガソンは、グラスゴー出身、幼少期にケニアで生活した経験をもち、オクスフォード大学在学中には蔓延する帝国への罪悪感に反発していたという。彼は、BBCのテレビ番組『帝国』六回シリーズを監修したことで有名となったが、それは毎回二七〇万人が視聴したとも言われている。番組に基づく同名の著書はベストセラーとなり、帝国の再定義をもたらす契機となった。そこでは、日本やドイツの「悪しき帝国」と比較して、奴隷貿易を廃止したイギリス帝国を「リベラルな帝国」と位置づけ、自由貿易と民主主義の恩恵を世界にもたらしたと評価し、現代のアメリカも過去のイギリスと同じく帝国の責務を負うべきことを主張して、イラク戦争を正当化する論理を提供していった。(8) ファーガソンの議論は突如登場した帝国肯定論であり、その後の帝国をめぐる論争を喚起していった。

これに対して、前作『ブリテン人』で成功を収めたリンダ・コリーは、多文化主義の立場に立つ。「エゴ・ドキュメント」を活用することによって、帝国の拡大の過程で捕虜となった、兵士や商人、女性など民衆の視点から帝国の歴史を再構築している。そこでは、こうした犠牲を強いられる民衆にとっての「帝国の代償」はあまりにも大きく、帝国への反対の世論が通奏低音として存続することになったという(9)。他方で、ポストコロニアリズムの立場に立つキャスリン・ホールは、『文明化の主体』(二〇〇二年)を執筆することで、ジェンダー史や文化史の視点から帝国がもたらした経済的・文化的影響について批判を加えている(10)。たとえば、奴隷貿易にともなうディアスポラや人種差別主義などは、奴隷貿易を廃止したことによって免罪されるものではなく、植民地に永続的な負の遺産をもたらしたというのだ。こうした批判を受けて、唐突なファーガソンの帝国礼賛論が打ち出された後、アカデミズム内部でもバランスをとる議論に回帰しつつあるようである。

二　ポストモダン論争

(1) 言語論的転回

英米圏は、言語論的転回の震源地となった。アメリカ合衆国において、その嚆矢となったのはリチャード・ローティの言語哲学であったが、ヘイドン・ホワイトのメタヒストリー論やクリフォード・ギアツの文化人類学が歴史学の領域での転回の経路となっていった。イギリスでは、ステッドマン゠ジョーンズによるチャーティズムの言語分析が、社会史からの転回を象徴する論考として記憶にとどめられることになる(11)。すなわちマルクス主義の影響力の色濃かったアングロ・マルクス主義の社会史の領域において、ポスト構造主義へと道を開く言語論的転回が推進されていったのである。それは、マルクス主義の歴史理論の中心にあった発展段階論と階級論の放棄へと連なり、福祉国家の後退や社会主義の凋落など現実世界の動向とも重なり、知識人層に広く浸透していくことになった。

今日の言語論的転回への歴史的評価では、それが新自由主義的グローバリゼーションの開始期にフォーディズム批判の言語として登場したことが指摘されている。つまり、産業社会からポスト産業社会への移行期において、流動化した社会状況を理解するにあたって新たなる社会科学的認識が求められていたのである。事実、イギリスでは、サッチャリズムの分析においてスチュアート・ホールによる言語分析がその威力を発揮することになった。また、言語論的転回が広く浸透していった背景には、アカデミズムをめぐる状況も深く関連している。リチャード・エヴァンズによる知識社会学的考察によれば、新保守主義政権のもとでの大学改革により自信を喪失した歴史家にとって、言語による歴史の書き換え可能性を語る主張は魅力的なものであった。言語論的転回が熱狂的に受容されていったのは、こうした心理的担保機能のゆえであったとするのである[12]。

こうした言語論的転回に対しては批判が提出され、いわゆるポストモダンをめぐる論争が惹起された。英語圏の雑誌である『過去と現在』や『社会史』などでは、一九八〇年代から一九九〇年代にかけて、白熱した論争が展開されていった[13]。

(2)「転回」以降

言語論的転回からすでに三十余年。最近では、言語論的転回ならびに文化論的転回に加えて、空間論的転回などのさまざまなる「転回」の歴史を振り返って、その総括を行ない、そこから課題と展望を抽出しようとする試みが見られるようになった。たとえば、『アメリカ歴史学評論』二〇一二年六月号では、「「転回」以降の歴史学」という特集を組んで、ここ三〇年にわたる歴史学の総括を行なっている。それによれば、アングロ・アメリカンの英語圏の歴史学界における「転回」とは、史学史的には、ポスト社会史段階でのポスト構造主義の影響を受けた「近代知の再審」であり、世代論的観点からすれば、ポスト・ホロコースト(日本で言うところの「戦後」)第二世代による新たな歴史学的プロジェクトの総称であったという(14)。

それでは、このような「転回」の歴史的意義とは何だったのであろうか。もちろん、空間論的転回の歴史的意義は国民史の脱構築ということにあったが、言語論的転回や文化論的転回の歴史的意義についていえば、次のようになろうか。ひとつは、歴史における複雑な因果関係・相互関係の理解を深めていった点にある。社会史段階における因果関係の構築は、基本的には物質的な利害を基盤として語られることが多かったが、言語論的転回は、この因果関係を逆転させていった。言説や象徴が物質的な利害を超えてもつ統合作用に注目するようになってきたのである。もうひとつは、「人間性」(personhood)に関する認識を深化ないしは刷新していったことにある。後述するように、言語もまた構造の一部として理解されるようになるなかで、「個人」ないしは「主体」は、物質と観念、あるいは主観と客観といった二項対立を止揚していく調整の場として理解されるようになっている(15)。

そして現在では、ポスト「転回」とも言える歴史家たちの新世代が登場してきているという。この一九七〇年代半ばから八〇年代半ばに生まれた比較的若い世代に見られる特徴とは、物心ついたときには冷戦が終焉していたがゆえに、左右のイデオロギー的立場にとらわれず、「実際に何が起こったのか」という問いを出発点として、一次史料の綿密な収集および分析を行なうという実証主義の姿勢である。こうした一次史料を重視する姿勢は、前の世代の言語論的転回と文化論的転回による観念論と意味論に重きを置く態度に対する批判であり、ときに「新実証主義」と言われる。しかし、彼らはまた、「転回」の継承者でもあり、物質的な制約条件を重視しつつも、主体の実践に注目する立場をとっている。これら新実証主義ならびに物質文化や構造と主体への関心は、ポスト冷戦期の史学史的特徴とされるが(16)、とりわけ注目されるのが「主体の復権」という現象である。

(3) 主体の復権

言語論的転回のなかで、象徴や言語といった記号体系の規定性が強調され、人間の主体性は簒奪されてしまった。個人や主体を消去ないしは不可視化してきた構造主義的な言語論的転回への反発から登場してきているのが、「主体の復権」である。すなわち、記号のもつ体系から個人や社会による記号の受容や解釈に注意が払われるようになり、歴史的アクターとしての「主体」の復権がはかられていった。そこでの中心的概念として浮上してきているのが、「経験」と「実践」である。とりわけ、「経験」は言語論的転回に対抗するうえで、歴史家の結節点となってきたといえる。「経験」は、記号や象徴体系、言説の効果にすぎないのではなく、むしろ意味を積極的に創出する過程として捉えられ、構造の論理に主体が従属するのではなく、日常生活の実践を通じて世界が構造化・秩序化される過程とされているのである。[17]

この「主体の復権」を史学史的文脈にそくして考えれば、そこには系譜的に新たな位相が発見される。主体性論争に始まる戦後日本の知的状況は、「主体」への関心に彩られてきた。たとえば、戦後歴史学では、封建制から資本主義への移行という社会構成体の転換を担う主体を発見しようとした大塚史学、あるいは、世界的な政治体制としての帝国主義に対抗する「階級」や「民族」などを析出しようとした江口朴郎のように、歴史の変革主体に関心を寄せていた。その後の社会史研究は、日常の生活世界へと関心を掘り下げながらも、蜂起へと向かう民衆主体を描くことになる。[18]他方で、ほぼ同時期に台頭してくる文化史では、同じく民衆に関心を寄せながらも、例外的な人びと、すなわち「周縁人」や「逸脱者」に焦点が当てられてきた。[19]それに対して、近年の主体論は、日常世界での実践そのものを取り上げるようになっている。

この日常的実践の諸相を照射するために利用されているのが、「パーソナル・ナラティヴ」である。事実、オーラル・ヒストリーに加えて、自叙伝、日記、手紙など「エゴ・ドキュメント」と呼ばれる一人称で書かれた史料への関心が増大している。[20]たとえば、ソニア・ローズによれば、近年のジェンダー論は、ポストモダンのなかで提出されてきた二項対立をめぐる諸問題、すなわち物質と観念、主観と客観の対立を超克する方向性を示しており、その際、それらを調整する場としての個人の「主観性」(subjectivity)が焦点となっているという。[21]そこでは、この「エゴ・ドキュメント」を通じた「主観性」の現象学的な考察によって、内面の記憶や情動が再構築されているのである。新自由主義は、人びとの欲望や情念を組織化することでイデオロギー的再生産の基盤を絶えず創出してきたが、それに対抗するという意味でも「主体性」の分析が欠かせないものとなっている。「転回」以降の歴史学は、まさにこの点に切り込もうとしているのである。

三　歴史学と現実の間で

(1) ヒストリー・ワークショップ運動

イギリスでは、歴史学と現実とが深く関係を切り結んでいる点が明瞭に見てとれる。絶え間なく変化していく現実世界を把握しようとして、歴史認識のあり方そのものを自己変革してきたのである。これには、いくつかの要因が関係しているが、そのひとつとしてヒストリー・ワークショップ運動の存在をあげることができよう。この運動は一九六〇年代にオクスフォード大学のラスキン学寮を中心にアカデミズム周辺から発生したもので、「下からの歴史」を旗印として、専門家や素人を巻き込みながら、地域やコミュニティ、女性や労働組合のグループのオーラル・ヒストリーや資料を掘り起こし、「民衆史」に歴史叙述の中心的位置を与えようとするものであった。それらはまた、独自の集会、小冊子、雑誌『ヒストリー・ワークショップ・ジャーナル』の発行などを通じて、新しい政治のフォーラムを創設し、知識人が労働者の文化や政治と結びつく基盤を提供していった。(22)

このヒストリー・ワークショップ運動はまた、非党派的な傾向や女性解放運動への支援といった点において、一九五〇年代に端を発するニューレフト運動を現在に伝える回路の役割を果たしてきた。思想的な面に関していえば、この運動は、イギリスにおけるマルクス主義からポスト構造主義への転回を牽引していったといえよう。事実、初期のヒストリー・ワークショップの主たる関心が、労働史・民衆史・社会史に置かれ社会主義的傾向が鮮明であったのに対して、一九七〇年代以降には、女性史・ジェンダー史を取り込みながらフェミニズムをその構成分子として加えている。雑誌の副題も「社会主義者のための雑誌」から「社会主義とフェミニズムの雑誌」に変わり、その後の傾向としては、ポストコロニアリズム、ポスト構造主義の影響を受けながらも、同性愛者や移民といったマイノリティにも関心を広げて、「アイデンティティ政治」を推進していくことになった。

こうした運動の中心にいたのは、愛国主義論争を提起したラファエル・サミュエルであった。彼は、スターリン批判やハンガリー事件を機に共産党を離党した歴史家グループのひとりであり、初期ニューレフトによって担われてきた「民衆史」の長い伝統のなかで育ってきた。彼とともに運動を支えた友人には、ギャレス・ステッドマン＝ジョーンズやピーター・バークなども含まれている。ステッドマン＝ジョーンズは、イギリスにおける言語論的転回、またピーター・バークは文化論的転回の牽引者であったが、二人が広く社会の現実と切り結びながら、歴史認識をめぐる理論や方法を洗練させ、イギリスにおける現代歴史学の「転回」を推進していったことは偶然ではなかろう。(23) さらにいえば、フェミニスト史家には、シーラ・ローボタムやキャロライン・スティードマンなどが加わり、彼女たちが女性史やジェンダー史の旋回に深く関わっていくことになる。

(2) 歴史と記憶

しかし、歴史学と現実との結びつきの強さを支えたのは、ヒストリー・ワークショップのようなアカデミズム周辺の運動だけではない。一般の読書層が、アイデンティティのよりどころとして歴史を必要としている点もあげられよう。現代イギリス社会は、さまざまな変化を経験してきている。すなわち、「連合王国の解体」ともいえる現象を目撃し、脱植民地化にともなう旧植民地からの移民の流入、さらにグローバル化によって、人や資本の移動が加速化して、従来の「国民史」が前提としていたようなアイデンティティはもはや維持できないようになっている。こうしたなかで歴史が、人びとのアイデンティティを確立する手段として「利用」されているのだ。

この間のイギリスは、いわば「歴史ブーム」に沸いてきた。**図3**から歴史書の刊行点数をみてみよう。そこでは、戦後ほぼ一貫して歴史書の刊行点数の増加が見られる。その理由としては、一般的に戦後イギリス社会における余暇の増大と教育水準の上昇ということが指摘されてきた。とりわけ二〇世紀末になると、その傾向が加速化している。逆説的であるが、その大きな原因となったのは、サッチャー改革にあったといわれている。サッチャーの教育改革の結果として、歴史が初等教育レヴェルで必修科目として導入され、歴史を学習する読者層が増大することになった。また他方で、サッチャー政権期に行なわれた高等教育の拡大の結果、大学で歴史を学んだ高学歴の読者層も増加してきてい

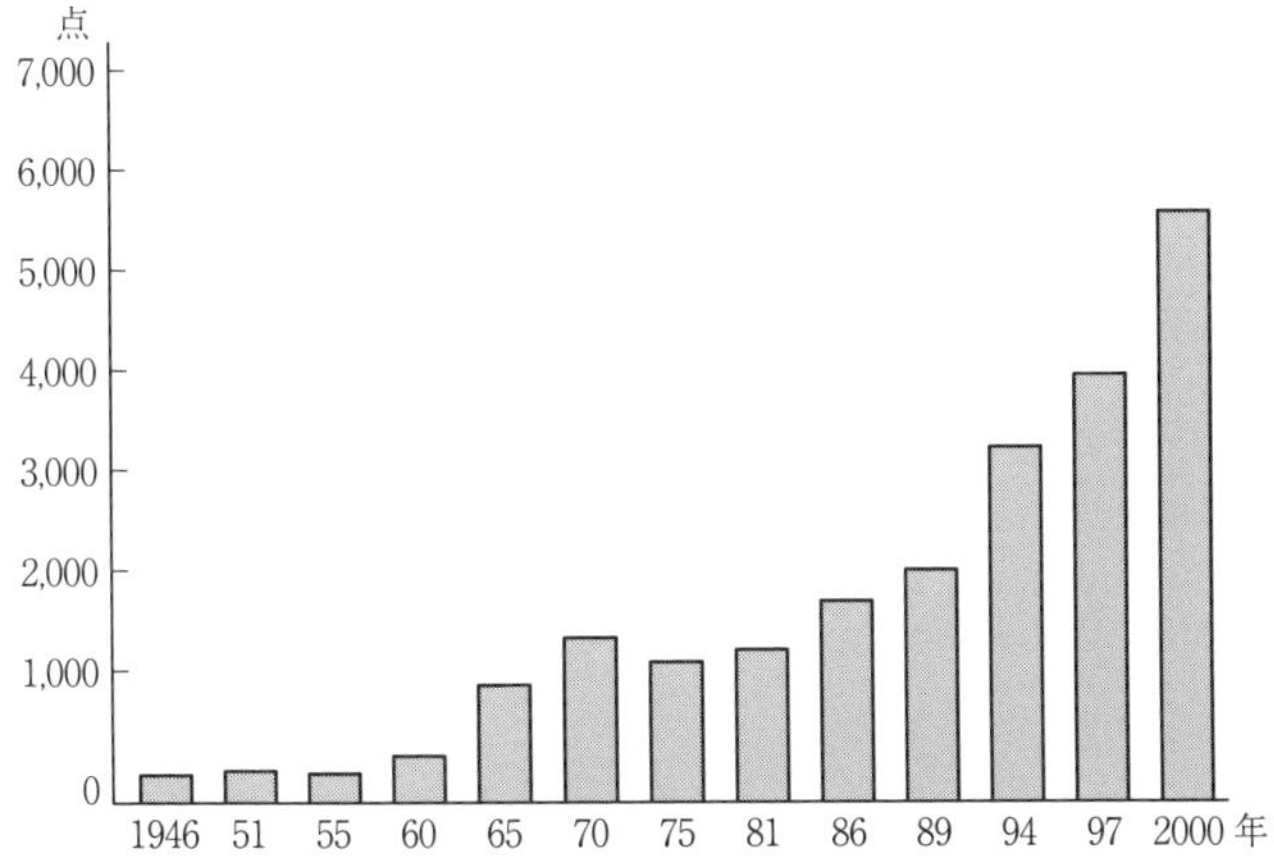

出典：Peter Mandler, *History and National Life*, 2002. p. 101.

図 3　イギリスにおける歴史書の刊行点数

る。ここに現在のブームの基盤となる市民社会レヴェルでの潜在的読者層が創出されることになったのである[24]。

イギリスでは、長らくアカデミズムの歴史学と大衆文化としての通俗的歴史との間の分断が続いてきて、相互に不信感と猜疑心をもっていたが、一般読者層の拡大によって、それが「和解」することになった。たとえば、専門職の歴史家も一般読者層を意識して執筆を行なうようになり、リンダ・コリー著『ブリテン人』やサイモン・シャーマ編ＢＢＣ番組『英国史』などが生み出されたのであった。もちろん、そこではアカデミズムの歴史学をもはや特権化することはできない。歴史意識は、通俗的なかたちでも構築されているからだ。そうした通俗的なかたちでの歴史書に加え、ラファエル・サミュエルのいう「記憶の劇場」、すなわち、博物館、モニュメント、テレビ番組、記念顕彰行事、切手・メダルの発行なども人びとの歴史意識の形成に一役かっている。[25] いずれにしても、多様なかたちで歴史意識が人びとのアイデンティティ形成に寄与しているのである。

(3) 二一世紀の歴史学のために

二〇一二年一〇月一日、歴史家エリック・ホブズボームが亡くなった。享年九五歳である(一九一七―二〇一二年)。エジプト、アレクサンドリア生まれのユダヤ系移民として、一九三〇年代にベルリンからロンドンに亡命してきた、いわば「大いなるディアスポラ」の一人である。死後イギリス内外のメディアは、一貫して共産党員としてマルクス主義の立場を貫いたホブズボームへの哀悼と惜別の辞を挙って配信した。帝国史家ニール・ファーガソンをして、現代世界において「立場こそ違え、最も影響力のある歴史家」と言わしめたほどなのである。その意味するところは、労働党のエド・ミリバンド党首が的確に述べているように、「歴史を一般読者に近づきやすくした点」に求められる。[26] ホブズボームは、ある意味で現代歴史学の挑戦の先頭に立ってきた存在と言えるだろう。

歴史家としてのホブズボームは、戦後の共産党歴史家グループの一員として雑誌『過去と現在』を創刊し、一七世紀の危機や封建制から資本主義への移行に関する論争に参加するなどマルクス主義史学を牽引したが、その後は『イギリス労働史研究』『匪賊の社会史』に結実する労働史・民衆史へと力点を移していった。[27] 本人は否定するであろうが、「伝統の発明」をめぐる構築主義的理解の提示は、ポストモダン的歴史解釈の事例を提供してくれている。晩年には、みずからの経験を綴った同時代史

『わが二〇世紀・面白い時代』(二〇〇二年)、そしてマルクス主義理論へのコミットメントをあらためて表明した『いかにして世界を変革するか』(二〇一一年)を発表している。[28]だが、何よりもホブズボームの名前を世に知らしめたのは、卓抜した通史の叙述であり、一九世紀をめぐる『革命の時代』『資本の時代』『帝国の時代』、二〇世紀の『極端な時代』がそれである。[29]

こうした通史の叙述は、長期的な視点から歴史を捉えることの重要性を教えてくれる。「面白い時代」としての『極端な時代』の叙述からは、ファシズムと戦争という困難な事態に直面したとしても、それらが克服され戦後の復興と繁栄がもたらされた、という歴史への楽観主義的な態度が読み取れる。他方で、ホブズボームは、一九三〇年代にユダヤ人への迫害がホロコーストへといたる想像力を多くの同時代人がもち合わせていなかった状況も、みずからの記憶として指摘している。[30]これは、歴史への悲観主義的な態度である。現代の新自由主義にともなう困難が、乗り越えられるはずの過渡期の現象であると同時に、カタストロフィーにいたる可能性があると認識すること。この楽観主義と悲観主義をあわせもった態度がいまこそ必要ではないのか。最後までアクチュアリティをもって歴史学の挑戦の先頭に立った老闘志からの二一世紀へのメッセージをそのように受け止めてみたいと思う。

(1)　遅塚忠躬『史学概論』東京大学出版会、二〇一〇年、二九三頁。
(2)　二宮宏之「歴史の作法」『二宮宏之著作集1』岩波書店、二〇一一年。
(3)　Stuart Hall and Martin Jacques, *The Politics of Thatcherism*, London: Lawrence and Wishart, 1983.

(4) T. C. Smout (ed.), *Victorian Values: A Joint Symposium of the Royal Society of Edinburgh and the British Academy December 1990*, Oxford: Oxford University Press, 1992.

(5) J. C. D. Clark, *English Society, 1688–1832: Ideology, Social Structure and Political Practice during the Ancien Regime*, Cambridge: Cambridge University Press, 1985.

(6) Linda Colley, *Britons: Forging the Nation 1707–1837*, New Haven: Yale University Press, 1992(川北稔監訳『イギリス国民の誕生』名古屋大学出版会、二〇〇〇年).

(7) 橋本順光「英国における大英帝国史の再編成と新帝国主義論の流行」『英米文化』第三四号、二〇〇四年。

(8) Niall Ferguson, *Empire: How Britain Made the Modern World*, London: Allen Lane, 2003.

(9) Linda Colley, *Captives: Britain, Empire and the World 1600–1850*, London: Jonathan Cape, 2002; Linda Colley, *The Ordeal of Elizabeth Marsh: A Woman in World History*, New York: Pantheon Books, 2007.

(10) Catherine Hall, *Civilizing Subjects: Metropole and Colony in the English Imagination 1830–1867*, Cambridge: Polity Press, 2002.

(11) Gareth Stedman-Jones, *Languages of Class: Studies in English Working Class History, 1832–1982*, Cambridge, Cambridge University Press: 1983, chap. 2(拙訳『階級という言語――イングランド労働者階級の政治社会史　一八三二―一九八二年』刀水書房、二〇一〇年、第二章).

(12) Richard Evans, *In Defence of History*, London: Granta Books, 1997(今関恒夫・林以知郎監訳『歴史学の擁護――ポストモダニズムとの対話』晃洋書房、一九九九年).

(13) Lawrence Stone, "History and Postmodernism", *Past and Present*, 135, 1992(大久保佳子訳「歴史学とポストモダン」『思想』第八三八号、一九九四年)など。

(14) "AHR Forum: Historiographic 'Turns' in Critical Perspective", *American Historical Review*, vol. 117,

no. 3, June 2012.

(15) Julian Adney Thomas, "Comment: Not Yet Far Enough", *American Historical Review*, vol. 117.

(16) Nathan Perl-Rosenthal, "Comment: Generational Turns", *American Historical Review*, vol. 117.

(17) William Sewell, *Logics of History: Social Theory and Social Transformation*, Chicago: University of Chicago Press, 2002.

(18) 本書第7章・第8章を参照。

(19) 網野善彦『無縁・苦界・楽――日本中世の自由と平和』平凡社選書、一九七八年、安丸良夫『出口なお』朝日新聞社、一九七七年などがあげられる。広く世界に目をやると、カルロ・ギンズブルグ(杉山光信訳)『チーズとうじ虫――一六世紀の一粉挽屋の世界像』みすず書房、新装版、二〇一二年などもあげられよう。

(20) 本書第4章を参照。

(21) Sonya O. Rose, *What is Gender History?*, Cambridge: Polity Press, 2010, chap. 6(長谷川貴彦・兼子歩訳『ジェンダー史とは何か』法政大学出版局、近刊、第六章).

(22) ヒストリー・ワークショップ運動に関しては、Lin Chun, *The British New Left*, Edinburgh: Edinburgh University Press, 1993(渡辺雅男訳『イギリスのニューレフト――カルチュラル・スタディーズの源流』彩流社、一九九九年)の第四章が詳しい。

(23) 二〇一二年一〇月、ピーター・バークが来日した際に交わした私的な会話では、ラファエル・サミュエルやギャレス・ステッドマン＝ジョーンズらとのヒストリー・ワークショップ運動での経験が、その後の歴史家としての経歴に資するものがあったと語っていた。

(24) Peter Mandler, *History and National Life*, London: Profile Books, 2002, pp. 131–142.

(25) Peter Mandler, *History and National Life*, pp. 105–126; Raphael Samuel, *Theatres of Memory: Past and*

Present in Contemporary Culture, London: Verso, 2000.

(26) *The Guardian*, 1-2 Oct 2012.

(27) Eric Hobsbawm, *Bandits*, London: Weidenfeld and Nicolson, 1969(船山榮一訳『匪賊の社会史』ちくま学芸文庫、二〇一一年); Eric Hobsbawm, *Labouring Men: Studies in the History of Labour*, London: Weidenfeld and Nicolson, 1964(鈴木幹久・永井義雄訳『イギリス労働史研究』ミネルヴァ書房、一九六八年).

(28) Eric Hobsbawm, *Interesting Times: A Twentieth-century Life*, London: New Press, 2002(河合秀和訳『わが二〇世紀・面白い時代』三省堂、二〇〇四年); Eric Hobsbawm, *How to Change the World: Marx and Marxism, 1840-2011*, London: Little, Brown, 2011.

(29) Eric Hobsbawm, *The Age of Revolution, Europe 1789-1848*, London: Weidenfeld, 1962(安川悦子・水田洋訳『市民革命と産業革命——二重革命の時代』岩波書店、一九六八年); Eric Hobsbawm, *The Age of Capital, 1848-1875*, London: Weidenfeld and Nicolson, 1975(柳父圀近ほか訳『資本の時代——一八四八—一八七五』全二冊、みすず書房、一九八一・八二年); Eric Hobsbawm, *The Age of Empire, 1875-1914*, London: Weidenfeld and Nicolson, 1987(野口建彦・野口照子訳『帝国の時代——一八七五—一九一四』全二冊、みすず書房、一九九三・九八年); Eric Hobsbawm, *Age of Extremes: The Short Twentieth Century, 1914-1991*, London: Michael Joseph, 1994(河合秀和訳『二〇世紀の歴史——極端な時代』全二冊、三省堂、一九九六年).

(30) Eric Hobsbawm, 'C for Crisis', *London Review of Books*, vol. 31, no. 4, 6 Aug 2009.

III

戦後歴史学との対話

第7章　『社会運動史』とニューレフト史学

一　戦後歴史学と『社会運動史』

伝説的な雑誌『社会運動史』が、歴史家の間でいま再び注目を集めている。たしかに、一九九〇年代、二〇〇〇年代を通じて、この雑誌の存在そのものが、一部の歴史家のノスタルジックな言及を除けば、記憶の彼方へと葬られてしまったかのようであった。それでは、なぜいま『社会運動史』なのだろうか。二〇一一年一二月初旬に行なわれた「戦後史学と社会運動史」と題されたシンポジウムでの報告と討論を契機として、『社会運動史』に対する再考の機運が高められてきた。過ぎ去りし時代への単なるノスタルジーではなく、現代歴史学の「再生」という問題意識のなかで読み解いた場合、どのような論点をそこから抽出できるのであろうか。本章では『社会運動史』を現代歴史学のコンテクストに定位してみることで、この問いに答えることをひとつの課題とする。

今回、あらためて『社会運動史』の全容が明らかになってみると、雑誌の発行された一九七〇年代にその起源を求める見方がいかに表面的なものかがわかってきた。『社会運動史』は、いくつかの世代にまたがる知的混成体であった。当初より実質的に研究会を主導してきた喜安朗ならびに北原敦は、一九五〇年代の歴史的状況に色濃く思想的刻印を押されて自己形成を遂げてきている。すなわち、「尋常小学校の軍国主義少年」(1)として育った喜安は、学生時代には「国民的歴史学運動」に参加した経験をもつ世代である。他方で、北原は、スターリン批判や六全協後の「政治の季節」に大学に入学し、六〇年安保闘争に参加することになった世代に属する。(2)そして二人は、一九六〇年代には、後に革命的サンディカリズムやイタリア政治思想史として花開く研究に没頭することになる。

一九六八年の経験は、この先輩格にあたる二人に呼応する新たな集団を生み出していった。いわゆる「団塊の世代」に属する若き青年ラディカルたちが、一九七〇年代に大学闘争の直接的な余波のなかで新しい歴史の実践を始めるようになったのだ。キャンパスにおける自己の姿と歴史における社会運動がアナロジーとして捉えられることになったのである。そうした経験を言語化するに際して、喜安や北原によって提供される革命的サンディカリズム論やグラムシ理論は、みずからの経験にフィットするヴォキャブラリーを提供したことだろう。この異世代間の指導とも批判ともいえる知的交流ないしは対話が、『社会運動史』のダイナミズムを構成していくことになったのである。

この同人誌グループ『社会運動史』が活動していた一九七〇年代や一九八〇年代の歴史学の状況は、どのようなものであったのだろうか。二〇世紀後半の歴史学を振り返ってみた場合、その時代がいかに生産力に満ちた時代であったかがわかってくる。ピーター・バークの言うように、この時代にナタリー・デイヴィス、カルロ・ギンズブルグ、リン・ハントなどの歴史家が発表してきた作品群は、二

○世紀の歴史学の到達点を示す指標となる。[3] 同じく日本の歴史学も、社会史ブームと言われるなかで革新の機運に満ちていた。柴田三千雄『バブーフの陰謀』(一九六八年)にはじまり、『思想』の「特集社会史」(一九七九年)、そして『社会史研究』の創刊(一九八二年)など、その例は枚挙にいとまがないほどである。[4] しかし、同時代史的な世界史の潮流に規定されつつも、日本において独自の刻印を与えることになるのが「戦後歴史学」の存在であった。

「戦後歴史学」といえば、大塚久雄・高橋幸八郎が強調されることが多いが、近年、とみに再評価されてきているのが江口朴郎の歴史学である。江口の執筆した「歴史学における近代主義の批判」[5] は、大塚久雄の資本主義成立史論を批判したものであるが、鋭利な論理構成と公正な論争的態度を示したものとして今日でも読者を刺激する。江口は、この書評論文のなかで、大塚史学に見られる植民地主義の看過、近代主義的態度を批判しつつも、俗流化されたマルクス主義者が封建制から資本主義への移行を客観的条件のもとで自動的に進行するものと想定していたのに対して、大塚が中産的生産者層という独自の主体を設定したことを高く評価する。マルクス主義と近代主義という立場の相違こそあれ、「主体」への注目という点では、江口と大塚との間には、同様の問題構成が見てとれるのである。

『社会運動史』は、戦後歴史学の主体性への強烈な関心を引き継ぎつつも、それとは異なるスタンスをもっている。すなわち、大塚・高橋史学に見られる社会構成体の内部で胚胎しつつある移行の担い手となる経済学的に構成されたカテゴリーとは異なり、江口史学からは「政治」のモメントを継承して、のちの政治文化史や政治社会史とも言える研究の方向性への道筋を開いたのである。他方で、江口史学における、帝国主義に抗する「階級」や「民族」という政治史的に構成されたカテゴリーとしての「人民」とは異なり、ランク・アンド・ファイルへの関心から「民衆」というカテゴリーを発見することになる。ここには、喜安ないしは北原の影響を見てとることもできよう。前衛党への幻滅、グラムシを媒介した中堅幹部論《カードル》などは、その理論的基礎を提供するものであった。このように戦後歴史学からの離脱と超克という課題を担って登場してくるのが『社会運動史』なのである。次に、その特徴を浮き彫りにするために、戦後イギリスにおけるニューレフト史学との比較を試みることにしよう。

二　英国ニューレフト史学

英国において歴史学のエスタブリッシュメント(一九世紀に創刊された『英国史評論』や戦間期の『経済史評論』など)で政治史や経済史が論じられていた頃、歴史学の革新を担う雑誌として『過去と現在』が一九五二年に創刊された。この雑誌には、エリック・ホブズボーム、エドワード・トムスンなどが参加していたが、もともと彼らは共産党の要請によって結成されたグループであり、その思想的な立場はマルクス主義の公式の一部を認めることにあり、封建制から資本主義への移行をめぐる論争、いわゆる「移行論争」を中心的なテーマとして取り上げていた。だが、これらの歴史家たちの多くは、一九五六年のスターリン批判やハンガリー事件などを契機として共産党から集団的に離党することになる。その後、みずからの思想的な地平を拡大しながら、反乱や革命の時代の民衆の闘争に焦点を当て、実り豊かな作品を生み出していくことになった。

この世代に対してとりわけ影響力をもっていたのが、レイモンド・ウィリアムズ『文化と社会』(一九五八年)とエドワード・トムスン『イングランド労働者階級の形成』(一九六三年)であった。二人に共通するのは、イギリスでは戦間期から盛んになる成人教育運動に携わった経験をもつことであり、そのことが労働者民衆の内在的な理解へと道を開いたのであった。また他方、トムスンとウィリアムズの著作は、一九四〇年代のケンブリッジ流の批評主義、とりわけ文芸批評と道徳批評の影響を受け、初期ニューレフトのロマン主義的な資本主義批判の作品の基礎となり、歴史家に実り多き着想の源泉を提供することになった(6)。その意図するところは、戦後福祉国家のなかで政治的無気力に陥った民衆の戦闘性ならびに歴史の創造主としての主体性を復権することにあった。

一九六八年のメーデー宣言は、イギリスにおける若手ニューレフトの台頭を告げるものであった。そこからはペリー・アンダーソンらによって代表されるニューレフト第二世代が登場することになる。この世代の特徴は、大陸のマルクス主義、とりわけアルチュセールやグラムシらの「西欧マルクス主義」の影響を強く受けていたことであり、第一世代の経験主義的でイングランド中心主義的な傾向とは対照をなしている。アンダーソンは「現代イギリス危機の諸起源」という論文でブルジョワ革命の不在と地主ジェントルマン支配の連続性に英国病の起源を求め、大陸の合理的思考と比較した場合のイギリスの経験的思考にまとわりつく保守主義を指弾したのであった(7)。これに対して民衆的急進主義の伝統を重視するトムスンが批判を加え、激しい論争が展開されることになった。

アルチュセール派構造主義の影響を受けるギャレス・ステッドマン＝ジョーンズは、チャーティズムを言語論的アプローチによって解釈しようとした姿勢から、一般的には第二世代に属する歴史家として理解されている。だが、最近の彼についての史学史的な考察では、「理論的にはむしろ折衷主義で、第一世代と第二世代との間を媒介しようとした」歴史家として把握されることもある(8)。事実、ステッドマン＝ジョーンズは、ラファエル・サミュエルなどとともに、一九七〇年代は成人教育運動の流れを引くヒストリー・ワークショップ運動に携わることになり、オーラル・ヒストリーの手法も用いながら民衆の経験を掘り起こそうとしていた。このヒストリー・ワークショップ運動のなかから、のちに活躍する多くのフェミニスト史家が育っていくことになった。

フェミニスト史家の多くは、一九六八年世代に属するメーデー宣言に関わった人物から構成されている。シーラ・ローボタムやバーバラ・テイラーらは、ヒストリー・ワークショップ運動の機関誌をフェミニズムの方向に大きく舵を切らせることになった。女性史ないし後のジェンダー史の発展に英米の歴史家たちが深く関わったことは、今日ではよく知られるところとなっており、とりわけ現代歴史学においてジェンダー史が発展の牽引力となっていることを考えれば、ニューレフトの遺産は大きかったといえよう。他方で、ブラック・カリビアンであるスチュアート・ホールが、バーミンガム大学現代文化研究所を設立するなど、文化研究(カルチュラル・スタディーズ)の担い手として大きな役割を果たす。植民地主義の問題が移民の知識人によって取り上げられ、帝国史のなかでも移民の歴史に焦点が当てられることになった。

一九七〇年代後半からイギリスでは、ニューライトであるサッチャリズムとの対抗が主要な問題意識になる。マーガレット・サッチャーは、「ヴィクトリア的価値観に帰れ」をスローガンとし、主としてイングランドの男性白人中産階級を念頭に置き、パクスブリタニカの時代を理想化するレトリックを用いた。福祉国家への依存は、勤労意欲を奪い、英国病を生み出す元凶となった。個人による自助と独立、起業家精神にあふれたヴィクトリア時代の価値観に戻ることで、産業精神の衰退から脱することができる、というのである。だが、その実態はどうだったのか。一九八〇年代の歴史家たちは、このサッチャリズムの歴史像に果敢に挑むことになった。多様な民族や人種からなる国民、強力なる民衆文化、個人と国家の間に幾重にも存するコミュニティ、そしてフェミニズムの伝統が、新たに光を当てられる。(9) 二〇〇三年のイラク戦争の前後に見られた帝国をめぐる論争でも、ニューレフト史学の伝統は脈々と受け継がれていたといえよう。

『過去と現在』誌に見られるような移行論争に端を発し、民衆運動史や民衆文化史へと発展していったイギリス史学の歩みは、同じく封建制から資本主義への移行を問題とすることから出発し、人民闘争史観から民衆運動史へと転回していった日本の歴史学の歩みと軌を一にする。移行論争の後、一九五六年と一九六八年を契機として、新たな構成分子を生み出すことになり、そこでは、政治的無気力を超克すべく民衆的急進主義の問題が取り上げられる。ケンブリッジの道徳批評の伝統を継承するエドワード・トムスンやレイモンド・ウィリアムズに見られるように、方法論としては、伝統的なマルクス主義や近代化論の経済還元論を批判し、文化のもつ相対的自律性を重視して、モラルを含む主体性の問題を取り上げた。これもまた日本の戦後歴史学と関心を同じくしている。

資本主義の揺籃の地であるイギリス、戦後復興の過程で強靱な資本主義国に発展した日本。この二つの国に共通するのは、マルクス主義の影響力が極めて強力であったことである。これは、アナール学派のもとに独自の社会科学ないしは歴史学の発展を遂げたフランス、あるいはプラグマティズムや機能主義の影響が強かったアメリカ合衆国などとは異なる、日英という二つの国の歴史学の発展の特質となっている。そのことはまた、日英の歴史学に独特の共時性をもった展開を生み出すことになったが、そこにもいくつかの異なる側面を見てとることができる。以下、そうした「差異」を日本におけるポスト『社会運動史』の歴史学の課題として指摘したい。

三　ポスト『社会運動史』の課題

言語論的転回

英国におけるニューレフト第一世代と第二世代との論争は、アルチュセール派の構造主義への評価をめぐる問題を背景にもっていたと思われるが、この構造主義を媒介としてマルクス主義者の間で言語論的転回が進行していくことになった。「転回」の登場は、時代状況とも密接に関連していた。「転回」を浸透させた時代状況の要因として、産業社会からポスト産業社会への移行期において流動化した社会状況を把握する理論や方法が求められていたこと、とりわけサッチャリズムを理解するに際して、言語論的分析が威力を発揮したことがあげられる。また言語論的転回がはらむメッセージが、新保守主義政権下の大学改革で自信を喪失した知識人に「癒し」の機能をもったことなどが指摘できる。

英米圏、とりわけイギリスでの言語論的転回も隘路にはまり込むことになるが、言語論的転回の手法そのものは、すでに広く研究者の間に浸透してきているように思われる。ポスト言語論的転回世代の関心は、行き過ぎた「転回」を是正し、言語論的位相を具体的な歴史過程のなかに再挿入して、歴史の複雑な因果関係を解釈することへと歩みだしているように思われる。たとえば、「転回」によって消去された主体を復権させ、ナラティヴの主体として歴史家と過去の人物を措定する動きなどが、それにあたる(10)。

こうしてみると、日本の歴史学との断層は明らかである。結局のところ、日本の歴史学においての言語論的転回は、文学者によって提起され歴史と文学との区別を消去するような過激なデリダ的方向をとることになったり、従軍慰安婦論争においては、実証主義史学と対置されるオーラル・ヒストリーの変種として解釈されたり、歴史修正主義をめぐる論争では、保守派の側によって「何でもあり」の歴史解釈を許す理論的な根拠として用いられたりしてきた。言語と実体をめぐる複雑な因果関係の解明という、言語論的転回のプロジェクトが本来内包していた可能性を追求する方向での展開は見られなかったのである。欧米の歴史学における言語論的転回が、揺れ戻しからの正当な位置を確保しつつある時に、日本の歴史学はかえって旧態依然の方法論的保守主義が跋扈する状況であるといってよかろう。

ポストコロニアリズムとフェミニズム

『社会運動史』は、民衆運動史ないしは社会史を志向していた。しかし、主にフランス、イギリス、ドイツの社会運動を対象とし、しかも男性労働者を運動の主体として措定していたことは、この間、西欧中心主義や男性中心主義が批判の俎上に載せられているなかで、おのずと問題をはらむことになる。そこでは、西欧文明が「排除」してきたものへの理解が進展しているからである。第三世界の独立闘争、先進国の経済的搾取の持続、そして植民地主義的偏見の残存が、ポストコロニアル理論の台頭を促す。他方で、フェミニズムは、男性の偏見を暴露すること、伝統的歴史記述では姿の見えなかった女性の歴史への貢献に力点を置いた。スチュアート・ホールによって指導されるカルチュラル・スタディーズが、新たな文化理論を基礎にポストコロニアリズムとフェミニズムに関するテーマを積極的に推進している。

もちろん『社会運動史』でも、ハイチの民衆運動に取り組んでいた加藤晴康のように、第三世界の問題に目を向ける研究者も存在していた。また女性の観点から民衆史に取り組んだ河村貞枝のようなフェミニズム研究者も見受けられた。だが、今日から見れば、それらは周辺的な問題として位置づけられていたように思われる。むしろ、ポストコロニアルやフェミニズムの関心の欠落を埋めていったのは、彼ら・彼女らに続く世代であったと思われる。谷川稔が関西圏を中心に立ち上げた「近代社会史研究会」は、一九八〇年代には活動を本格化させることになるが、八〇年代には日本の西洋史研究における女性史・ジェンダー史研究の担い手たちが、九〇年代には植民地主義史研究の推進者たちが、そこから巣だっていくことになった。

フェミニズムやポストコロニアリズムは、「民衆」という対象を分節化して、女性や第三世界からの移民にまで対象を拡大していっただけではない。実は、現代歴史学は主体理解や空間認識などさまざまな「転回」を経て、その可能性の地平を拡大しており、二つの領域はその展開と密接に関わっているのである。まずフェミニズムはジェンダー史を生み出す母体ともなったが、ジェンダー理論は、積極的に主体性・主観性認識を開拓してきた。性差は物質か観念かといった二項対立を乗り越える中間路線として、「交渉」や「パフォーマンス」の過程に注目が集まり、内面における「記憶」や「情動」が動員される過程での主観性を分析するようになっている。他方で、ポストコロニアリズムは、国民国家を乗り越える分析の空間を提唱してきた。移民研究に見られるように、こうした主体論と空間論は絡まり合いながら、現代歴史学のフロンティアを形成しているのである(11)。

歴史学と現代

まとめに入ろう。西洋史学という領域に限定してみれば、日本の歴史学的思考は、現実との政治的緊張をともないながら二つの断絶をもって発展してきた。言うまでもなく、ひとつは一九四五年の八・一五革命であり、もうひとつは一九六八年の大学闘争の経験である。第二次世界大戦終戦の意味が体制変革《レジーム・チェンジ》という強固な断絶の意味をもったということで、イギリスなどの経験とは意味合いが異なっていた。講座派マルクス主義とレーニン帝国主義論の権威が圧倒的な、戦後歴史学が誕生することになる。これに対して、一九六八年の経験はより世界史的な共時性のもとで発生することになった。だが、共時的とはいえ戦後歴史学の超克という課題意識において、そこに日本的な独自性が刻印されることになったといえよう。

その後も欧米の歴史学は、現実の緊張関係のもとで独自の歴史認識を錬成していった。たとえば、英語圏で言語論的転回が登場してくる背景には、サッチャリズムの台頭という現象があったことはすでに述べた。歴史家は、ヴィクトリア的価値をめぐる論争でオルタナティヴな歴史解釈を提出してきた。冷戦、ベルリンの壁崩壊、東西統一という歴史を経験したドイツにおいても、現実との緊張関係のなかから歴史認識を構築してきた。ナチズムと東ドイツ社会主義という二つの独裁を歴史的に位置づけるために、記憶の問題、空間認識の変化、文化論的転回などの手法を盛り込みながら、現実の政治的経験を解釈しようとしている。(12) 日本の西洋史学が、新自由主義や東西冷戦、社会主義の崩壊と真正面から取り組んでこなかったこととは対照をなしている。

四〇年近い現実との緊張関係の喪失を続けてきた日本の歴史学(とりわけ西洋史学)は、日本社会の変容に飲み込まれて独自のアイデンティティを失ってきたように思われる。外国の学問状況が適切な媒介もなく流入する状況が蔓延することになり、歴史学の「停滞」と「衰退」がそこにはあった。しかし、金融危機と3・11後の社会状況は独自の変容を遂げつつあるようにも思われる。ニューヨークやロンドンを中心に展開された「九十九パーセント」の人びとの「オキュパイ運動」、そして日本での反原発運動の盛り上がりは、新自由主義時代の民衆側の沈黙が破られて、新たな歴史のうねりが生じることを予感させるものである。そうした時代だからこそ、歴史学もまた自己革新を遂げねばならないし、この文脈において「社会運動史」を論じることは、歴史学の未来を切り拓く回路となりうるのではないだろうか。

(1) 喜安朗『天皇の影をめぐるある少年の物語――戦中戦後私史』刀水書房、二〇〇三年、喜安朗「あとがき」安丸良夫・喜安朗編『戦後知の可能性――歴史・宗教・民衆』山川出版社、二〇一〇年。また、喜安朗・成田龍一・岩崎稔『立ちすくむ歴史――E・H・カー『歴史とは何か』から五〇年』せりか書房、二〇一二年も喜安の問題関心と時代状況との関連について率直に語ってくれている。

(2) 北原に関しては、代表作である北原敦『イタリア現代史研究』岩波書店、二〇〇二年、そして概説書ではあるが、北原敦編『イタリア史』山川出版社、二〇〇八年に卓越した歴史的センスが示されている。

(3) Peter Burke, *What is Cultural History?*, Cambridge: Polity Press, 2nd ed., 2008(拙訳『文化史とは何か 増補改訂版』法政大学出版局、二〇一〇年).

(4) 柴田三千雄『バブーフの陰謀』岩波書店、一九六八年、『思想』「特集 社会史」第六六三号、一九七九年、そして『社会史研究』全八冊、日本エディタースクール出版部、一九八二―八八年など。

(5) 江口朴郎「歴史学における近代主義の批判」『帝国主義と民族』東京大学出版会、一九五四年、所収。

(6) ギャレス・ステッドマン・ジョーンズ「日本語版への序文」、拙訳『階級という言語――イングランド労働者階級の政治社会史 一八三二―一九八二年』刀水書房、二〇一〇年。ウィリアムズに関しては、高山智樹

『レイモンド・ウィリアムズ――希望への手がかり』彩流社、二〇一〇年。Scott Hamilton, *The Crisis of Theory: E. P. Thompson, the New Left and Postwar British Politics*, Manchester: Manchester University Press, 2011. この間のマルクス主義を中心とした時代状況の変化については、Eric Hobsbawm, *How to Change the World: Marx and Marxism, 1840-2011*, London: Little, Brown, 2011.

(7) ニューレフト文化に関しては、Lin Chun, *The British New Left*, Edinburgh: Edinburgh University Press, 1993(渡辺雅男訳『イギリスのニューレフト――カルチュラル・スタディーズの源流』彩流社、一九九九年).

(8) ステッドマン＝ジョーンズの史学史上の位置については、David Feldman and Jon Lawrence, "Introduction: Structures and Transformations in British Historiography", in Feldman and Lawrence(eds.), *Structures and Transformations in Modern British History*, Cambridge: Cambridge University Press, 2011.

(9) Simon Gunn, *Revolution of the Right: Europe's New Conservatives*, London: Pluto Press, 1989, chap. 3; T. C. Smout(ed.), *Victorian Values: A Joint Symposium of the Royal Society of Edinburgh and the British Academy December 1990*, Oxford: Oxford University Press, 1992.

(10) 本書第4章を参照。

(11) Sonya O. Rose, *What is Gender History?*, Cambridge: Polity Press, 2010, chap. 6(長谷川貴彦・兼子歩訳『ジェンダー史とは何か』法政大学出版局、近刊、第六章).

(12) Jürgen Kocka, *Civil Society and Dictatorship in Modern German History*, Hanover, N. H.: University Press of New England, 2010(松葉正文・山井敏章訳『市民社会と独裁制――ドイツ近現代史の経験』岩波書店、二〇一一年).

第8章　二宮史学との対話――史学史の転換点にあたって

はじめに

岩波書店より『二宮宏之著作集』が刊行され、全五巻の完結を見るにいたった。これは、歴史研究を生業とするものにとって、誠に喜ばしいものである。というのも、二宮宏之の研究は、戦後歴史学から社会史への史学史的な転換点にあった時期の歴史学的思考を集約したものであり、二〇世紀後半の日本の歴史学のあり方を推し量るうえでの指標となるからである。なによりも、歴史学の最も良質な成果がまとまったかたちで後進の研究者や学生たちに提示されることの意義は大きいと思われる。優れた知的遺産が後世に継承される土台を作ったという点で重要な意味をもつことになろう。

とくに第五巻におさめられた年譜は、二宮の歩みを振り返る意味で何かと便利な「手だて」となる。二宮は、一九三二年生まれ。『近代社会成立史論』(一九四七年)、『市民革命の構造』(一九五〇年)などを刊行して戦後史学の旗手となった高橋幸八郎の薫陶を受け、戦後歴史学の絶頂期の一九五〇年代に学生時代を過ごした。その後、二宮は「戦後転向」ともいえる知的旋回をへて、一九六〇年代にはフランスに留学してジャン・ムーヴレに師事、一七世紀を中心とした近世フランス農村史研究に取り組むことになる。帰国後は、留学時代の成果を広く刊行することによって、その名を世に知らしめることになった。代表的論文「フランス絶対王政の統治構造」ならびに「「印紙税一揆」覚え書」は、この時期の作品となる。

一九八〇年代には、阿部謹也、良知力、川田順造らとともに『社会史研究』を主宰、またアナール学派の紹介を試みるなど、いわゆる社会史ブームの火付け役となった。二宮の言う「常にはみだしていく歴史学」としての「社会史」の探求が始まったわけである。もちろん、その実体は、今日では「文化史」といわれるものなのかもしれない。一九九〇年代には、歴史人類学を標榜する二宮の歩みは、いわゆる文化論的転回と軌を一にしたものとなる。最晩年の「歴史の作法」は、言語論的転回ないしは物語論的転回を意識したものだが、これもまた同時代の歴史研究のナヴィゲーターとしての役割を果たすことになった。

こうした二宮宏之の知的歩みは、いくつかの「対話」を行なうことによって歴史研究における架け橋を設定していたように思われる。ひとつは、戦後歴史学から社会史へという史学史上の展開を牽引していったことにある。いわば、二宮はパラダイムの転轍手として、戦後歴史学に内在しながら、そこから社会史への「内破」を推進していったのである。もうひとつは、日本とフランスとの対話である。それは、単に二つの国の歴史学の架け橋となったということだけではなく、日本の「現在」から出発しながらフランスの「過去」を対象として「対話」を行なうという、E・H・カー流の歴史実践の試みであったと言えよう。

歴史学は転換期にあると言われて久しい。とすれば、戦後歴史学から社会史へという史学史上の転換を自覚的に進めてきた二宮の足跡に学びつつ、社会史から現代歴史学へと変貌を遂げつつある歴史学のあり方を考えてみることも、なにがしかの意味をもつと思われる。もちろん、本章では、そのすべてを論じ尽くすことはできない。戦後歴史学、社会史、そして現代歴史学の特質について、「実証主義批判」、「構造と主体」というキーワードを手がかりに概観して、そのラフなスケッチを描いてみることにしたい。

一　参照系としての戦後歴史学

(1) 実証主義批判

明治政府のもとで帝国大学を中心に進められた歴史学の制度化のなか、戦前のアカデミズムの主流は、ランケの弟子たるルートビッヒ・リースによって先導された、国史を中心とする実証主義的な歴史学にあった。一九三〇年代になると、この実証主義の系譜の歴史学に対しては、アカデミズム内外から厳しい批判が寄せられるようになる。ひとつは、平泉澄らによって主導された皇国史観であり、もうひとつは、日本資本主義論争に見られるマルクス主義陣営の歴史認識であった。双方が共有していたのは、実証主義史学に見られる没価値的な歴史認識に対する批判意識であり、平泉が津田左右吉の実証主義的な記紀神話解釈に対して激しい批判を浴びせたのも、このためであった。

戦後歴史学は、科学主義と客観主義を標榜しながら、「無概念的な」歴史学に堕してしまった戦前のアカデミズムの実証主義史学と、観念論的な皇国史観に対するアンチ・テーゼとして登場することになる。二宮は言う。戦後歴史学のいう客観性の論拠となっていたのは、「近代社会科学の概念と方法に準拠した科学的歴史学」であり、「独善的な神話的歴史観に対しては世界史の普遍的な法則が対置され、怪しげな日本精神に対しては歴史の基礎過程として経済構造が対置されることになる」。「変革の武器となるための科学的客観性の保証に関していえば、理論と実証の幸福な結合によって必ずや歴史の真実に到達しうると信ずる点で、その科学主義はいたって楽観的でもあった(1)」のだ。

(2) 構造と主体

戦後歴史学には、マルクス主義が強い影響力を及ぼしていた。そこでは、歴史のうちには普遍的な発展の法則が貫徹しており、それは社会構成体の移行としての継起的な段階を経て展開すると考えられていた。この社会構成体こそが、戦後歴史学における対象としての「構造」となる。そして、変化の契機・構造転換の契機をもっぱら「構造」の内部に求め、内発的発展を重視していたところが特徴であったといえる。二宮があげる戦後歴史学の指標は、高橋史学に顕著に見られるもので、「のちに現代思想の一環として展開する構造主義との関連でみれば、それはいわば構造主義以前の構造主義、とりわけ発生的構造主義の立場にきわめて近い発想だった(2)」ということになる。

戦後歴史学の特徴は、主体への強烈な関心である。それは、封建制から資本主義への移行を問題とした大塚・高橋史学においては、封建制度の胎内に芽生えた近代化の担い手を析出することに示されており、他方で、江口史学にとっての主体とは、世界体制としての帝国主義が成立してくるなかで、これに対抗する植民地解放闘争を担う「階級」と「民族」となる。通底する主体への関心は、より広い文脈のなかに戦後歴史学を位置づけてみれば、その理由が明らかとなる。哲学者や文学者の領域に端を発し、丸山眞男らの政治学者を交えて展開された「主体性論争」は、戦後日本の思想的出発点として位置づけられるが、戦前への反省的省察から戦後日本の民主主義的主体をいかに構築するかというところにその狙いがあった。つまりは、対抗文化から発せられる「主体」の構築が共通する問題関心であった。

二　戦後歴史学から社会史へ

(1) 実証主義批判

二宮における実証主義批判の論理構成とはいかなるものであったのか。この点については、第一巻の「歴史の作法」のなかで「その原点に歴史家の問いがある」と明示的に述べられている[3]。こうした「問いかけの歴史学」が、マルク・ブロックの歴史学方法論の論理構成のうえに立っていることは明らかである。しかし、戦後歴史学との関連でいえば、社会史の旗手である二宮が、実証主義に対して批判的なスタンスをとっていることに違和感をもつかもしれない。二宮は、「講座派以来の概念史」を基軸とする戦後歴史学の閉塞状況を乗り越える手だてとして、「農民が具体的に生きている世界」に迫るために文書館史料に沈潜してフランスの農村の実態を調べるという、徹頭徹尾、実証主義的スタンスをとってきたからである(4)。

たしかに、「常にはみだしていく歴史学」としての社会史は、概念志向の戦後歴史学に比べた場合、歴史の実態により即した歴史学のようにみえるのかもしれない(5)。この問題を典型的に表しているのが、イギリス史における整序概念と実態概念をめぐる論争である。すなわち、松浦高嶺は、近代イギリス史を解釈するうえで経済史を基調とする戦後歴史学を批判する。たとえば、地主層をめぐっては、戦後歴史学が経済学的に構成された「金融資本家」という「階級」と捉えたことを実態から離れた「整序概念」と批判したのに対して、それに続く実証主義史家たちが、社会史的に構成された「身分・地位」としての「ジェントルマン」と定義したことを「実態概念」と評価した(6)。

しかし、社会史もまた素朴実証主義に陥る危険性をはらんでおり、そこに二宮は早い段階から気づいていた。一九九二年の日本西洋史学会において二宮は、この「実態概念」という呼び方を継承して、川北稔がジェントルマン的秩序を「あるがままのイギリス」、谷川稔が多文化的なフランスを「素顔のフランス」としたことへの疑問を表明している。「あるがまま」ないしは「素顔」という言葉には孕まれる素朴実証主義への傾倒に対する批判であったと思われる。その後、二宮は自身の立場を若干修正したようだが(7)、いずれにしても、「問い」とそれにふさわしい「理論」もなく史料に向かうことへの戒めを示したものと考えるべきであろう。

(2) 構造と主体

戦後歴史学における構造と主体の問題は、「封建制から資本主義への移行」、つまりは社会構成体とその移行の担い手として構成されていたのに対して、二宮社会史においては、「権力秩序と生活世界」の問題として構成されることになる。

〈構造〉

二宮社会史における権力秩序論の代表的な作品が「フランス絶対王政の統治構造」(一九七九年)であり、そこで論じられている絶対王政の社団国家論がその核をなす。この社団国家論は、最近の近世国家論の文脈では二つの論点に分岐していくこととなり、文化的多元性の起源を探求しようという複合国家ないしは複合王政論(あるいは礫岩国家論)、常備軍と官僚制に見られる伝統秩序の浸透を問題とする財政軍事国家論として論じられている。この社団国家論を二つの国家論を総合したものと見るか、あるいは、未分化・未分離な国家論として解釈するかに関しては議論の分かれるところであるが、いずれにしてもこの議論が日本の研究者にとって、近世ヨーロッパ国家論を馴染みの領域にしたことは間違いなかろう。

この社団国家論に関しては、名高い「上向過程・下向過程」論の方法論を継承するものとして高橋史学との連続性が強調されてきた。マルクスを発想の遠源とする抽象から具体への思惟展開は、高橋によって地代形態の範疇分類として利用され、農奴解放をめぐるヨーロッパの歴史的経路を明らかにしてきたことはよく知られている。もちろん、そこでは、社会構成体としての封建的土地所有の廃止を核とする独自のフランス革命論、共同体の解体をもって市民社会の成立を展望する革命論が構想されていた。二宮は、この高橋史学を継承しつつ「中間団体の解体」の観点から独自のフランス革命論を展望していったといえる。

しかし、社団国家論はまた、当時の日本の社会科学一般の論争を反映したものであった。それは、一九七〇年代に東京大学社会科学研究所を中心として繰り広げられた論争、いわゆる「営業の自由」論争である。発端となったのは東京大学社会科学研究所編『基本的人権』第五巻における岡田与好の問題提起であった。すなわち、岡田によれば、営業の自由なる権利は、自然権として存在しているのではなく、「公序」として追求されたものであり、市場経済なるものは国家の政策的介入によってできあがる政策的構築物であるという。そこでは、市場は自生的秩序なのか政策的介入なのかという問題が提示されるとともに、政策体系のなかにおける独占(企業)や団結(組合)などの中間団体の位置づけをめぐって類型化がなされており、「社団国家」論をめぐる構成要素は出そろっているように思われる。(8)

〈主体〉

次に主体をめぐる問題に移ろう。ここで取り上げたいのが、「「印紙税一揆」覚え書」(一九七三年)であり、この論文は、戦後歴史学の関心からすれば、いわば「外縁」として発生した民衆蜂起を論じたものである。ここでの「外縁」の意味は、フランスが均質な国民国家ではなく「中心対周辺」という対立軸を含んだ多様な存在であったこと、つまり、「反ヴェルサイユ」という契機をはらんだ地方の反乱であり、そこにはケルト的なブルターニュの文化的多元性も含まれている。そして、民衆心性の問題。経済的基礎過程に分析の主眼をおく戦後歴史学からは漏れ落ちてしまう「心性」の問題が初めて登場した。戦後歴史学では捉えきれない問題とのこのような格闘が、その後の二宮社会史の出発点となっていった。

二宮はいう。「この論文の中には高橋史学から始まった構造論的な歴史学、ムーヴレさんのところでやった農村史や、アナールの数量的アプローチ、そして、マンドルーとのかかわりが深いソシアビリテ論、この三つがね、あの論文の中には一緒になって入っているんですよ」。「歴史っていうのは具体的に人間が動く場ではじめて顕現するのだという気持ちね。……その動き出すところで初めてそれぞれが意味を持つという気持ちがものすごく強くなったのは、印紙税一揆をやる過程です(9)」。ここでは、独特の心性をもった民衆の生活世界が、ルイ一四世治世における戦時支出の増大と、それに対処するための印紙税などの大衆課税、それらが引き起こすブルターニュ農民一揆というシナリオから構成されており、アナール派の長期的持続・変動局面・事件という「図柄」が描かれていることは明らかであろう。

なによりも二宮が関心を抱いているのは、蜂起する民衆の心性の世界である。のちに「バリケードの残映が残っていましたから、ちょっと跳ね上がった言い方をしているんですが[10]」と述懐する二宮は、蜂起する主体像を、「自由」を希求する者として描き出そうとしている[11]。圧倒的な迫力をもつ筆勢で読者に訴えかけてくる、あの文章が登場するわけである。蜂起の残響は、同時代の一九六八年という経験の残響としても聞き取れるが、この蜂起する主体こそが、二宮社会史における「主体」の姿だった。

三　社会史から現代歴史学へ

次に、現代歴史学の諸特徴について論じてみよう。ここでいう現代歴史学とは、二宮自身の用語法とは異なっている。二宮によれば、それは「近代知の再審」を経たあとでの歴史学の動向をさすものとされ、「社会史」として表現された。最近、『アメリカ歴史学評論』は、「「転回」以降の歴史学」と題した特集を組んで近年の歴史学を回顧するという試みを行なっている[12]。それにならって、ここでは、言語論、文化論、空間論的な諸「転回」を経た世代の歴史実践を現代歴史学と規定しておくことにする。そこではポストモダニストのものまで含む実証主義批判が先鋭化して、その反面として新実証主義ともいえる傾向が隆盛している。他方で、構造と主体の問題は密接不可分のものとして、文化史や言語論的転回以降の歴史研究の指標となる視座を提供してくれている。

（1）実証主義批判

さて、今日的な文脈での実証主義批判とは、どのような意味をもつものであろうか。現在、人文科学あるいは社会科学においては「実証主義」が攻勢を強めており、批判的歴史学は守勢に立たされている。その「攻勢」のあり方は、いくつかの特徴をもって登場しているが、それにともなって実証主義「批判」も多様な意味を帯びることになっている。

ひとつは、社会史研究の行き詰まりという問題に関連する。これは「社会史のエンクロージャ現象」と呼ばれ、社会史研究が時間的・空間的に細分化した方向に向かうことによって、長期的変動や全体像を失っていることによる。つまり地域や時代ごとの分析対象が示す多様性が明らかとなり、社会変動による急激な断絶性が否定されて連続性が強調されることになったのである。これは、方法論的な行き詰まりとも関連している。かつては社会変動を説明する因果関係を構築するにあたり、物質的利害に基礎を置く社会的カテゴリーに素朴な信頼を寄せていたが、ローカルなレヴェルでの慣習や文化には、そうした利害に還元して説明できない場合があり、因果関係の複雑さが明らかになってきたからである。

ここで登場するのが言語論的転回だが、これまで実証主義と言語論的転回は不倶戴天の関係にあると見なされてきた。たとえば、日本の文脈で、従軍慰安婦をめぐる論争のなかで実証主義とオーラルヒストリーが対置されたのは、そのことを示していよう。しかしながら、言語論的転回も、そのメッセージが歴史家に有用なものとして理解されるようになってきている。英語圏における言語論的転回の主導者であったステッドマン＝ジョーンズは、この点を強調している[13]。つまり言語論的転回が促したのは、「資料の厳密な読み」だったのだと。言語論的転回が素朴実証主義に対して「反撃」に出るのは、このような理由からであった。

（2） 構造と主体

〈構造〉

「転回」以降の歴史学の文脈のなかで「構造」を論じることは、ある意味で自己撞着に陥ることになる。ポストモダン状況においては、まさに「構造」のようなハードな概念が攻撃の対象となってきたからである。ピーター・バークによれば、ポストモダニズムとは、とりわけフーコーやデリダと結びつけられるひとつの思想運動であり、ポストモダンの心性とは「視点の多元性」や「不確実性の原理」などを特徴としているという。そこでは、かつて制約要因として考えられていた階級・共同体・国民のような「構造」が、柔軟性、流動性、脆弱性をもつものとして再定義されるようになっており、ジグムンド・バウマンが述べるように、リキッド・モダニティ（液体状の近代）のなかで、すべてが砂のような流動性のなかに置かれているかのようである[14]。

たとえば、「構造」という概念に代わって「ネットワーク」概念が使われていることが、この状況を指し示すものとなる。それは、研究対象の地理的・空間的な拡大と軌を一にしたものだが、交易活動をめぐる商人の社会的結合を意味するようなネットワーク論とは異なる意味で使われている。繰り返される日常的な諸実践のなかで、単発では意味のない行動の繰り返しが意味を創出し、規定性をもってくる過程、この複数の諸主体の間で繰り返される行動が「ネットワーク」と命名されているのである。

こうしたなかで、現代歴史学における「構造」概念を明確に提出しているのが、ウィリアム・スーウェルだと思われる。スーウェルによれば、伝統的な社会科学や言語哲学に見られる「構造」概念には、因果関係の決定論がはらまれているという。すなわち、下からの経済的決定論と上からの言語決定論である。この決定論的思考が、歴史における人間活動の主体性(エージェンシー)を消去することになり、したがって、歴史的変容の過程の把握を不可能にしているとされる。ギデンズの構造化理論やブルデューの実践概念に依拠するスーウェルは、言語論的転回以降の「構造」論にふさわしく言語の問題を俎上に載せており、人間の主体性を復権させ、歴史的変動を描き、あわせて物質と記号論的な構造概念の分断をも超克しようとしている(15)。

〈主体〉

言語論的転回のなかでは、象徴や言語といった記号体系の規定性が強調され、人間の主体性は簒奪されてしまった。たとえば、フーコーは、主体は言説内部の位置に起因する「効果」(effect)にすぎないとして、古典的な主体の自律的アクターとしての役割を消去した。それに対する批判として、記号体系から個人や社会による記号の受容や解釈に注意が払われるようになり、歴史的アクターとしての「主体」の「復権」がはかられている。しかし、二宮社会史においては蜂起という事件のなかに主体像が設定されていたのに対して、この主体は日常性のなかで作動するものとなる。これが、先に述べた「ネットワーク」論へとつながっていく。

主体の復権によって歴史学の中心的概念として浮上してきているのが、「経験」と「実践」である。とりわけ、「経験」は言語論的転回に対抗するうえで、歴史家の結節点となってきた感があり、それは意味を積極的に創出する過程とされている。主体の復権は、「パフォーマンスへの転回」としても読み解くことができる。そこでは、「実践」そのものが構築されるということ、つまり「実践」は、スクリプト(台本・脚本)とパフォーマンス(演技)の二つの領域から構成されており、また状況が異なれば、同じ人物でも異なる行動様式をとることが意味されている。そして、この過程での言語の役割は、パフォーマンスを遂行する主体を内面から動機付けるもの、またシンボルや記号を動員しながら主体の経験を同一化するものとされている。

主体の復権は、情動(emotion)や記憶の歴史など主観性への関心をも高めている。たとえば、これまでの歴史学のなかでは、非合理的な領域として無視ないしは軽視されてきた情動が歴史形成の契機となるというのである。また記憶の歴史は語られて久しいが、現在の記憶論は「第三の波」にあるという。記憶研究は、当初は記号論的な分析、ついで構築主義的分析を行ない、記憶がさまざまなポリティクスのなかで生産され、流通し、最後に受容されていくプロセスを検討してきた。現在の「第三の波」は、主体の「受容」の局面を取り上げて問題としているようである。つまり、どのように集合的記憶を個人レヴェルで受容し内面化していくのかという点、そこでの集合的記憶の個人の体験との衝突や軋轢などが問題にされている。

小　括

アナール派の社会史ののち、世界の歴史学の中心は北アメリカ大陸に移動してしまったかのように見える。事実、自他ともに認ずるかたちで「転回」以降の歴史学を主導してきたのは、アメリカの歴史学界であった。歴史学における言語論的転回はヘイドン・ホワイトの『メタヒストリー』(一九七三年)に端を発すると言われているが、「フレンチ・セオリー」とパッケージ化してポスト構造主義の理論を輸入し、フーコーとデリダの影響を強く受けてきたのはアメリカ歴史学界であった。またクリフォード・ギアツ『文化の解釈学』(一九七三年)に先導された文化論的転回を推進してきたのも、さらにいえば、ポストコロニアル研究やグローバル・ヒストリーに主導される空間論的転回を推進してきたのも、アメリカの歴史学界であった。アメリカの歴史学界は、諸「転回」の起点となったのである。

しかし、ただアメリカの模倣をすればよいというわけではなかろう。最近刊行された柴田三千雄『フランス革命はなぜおこったか』を読むと、冒頭に「われわれ日本人にとってフランス革命とは何か」という問いが登場する。(16) 二宮が高橋史学やさまざまな論争にこだわっていた点にみられるように、

「日本」という磁場から問題を立ち上げる重要性を問うているのである。その際、継承すべき知的遺産として、民衆史研究(安丸良夫・鹿野政直)や植民地主義・帝国主義研究(江口朴郎)の成果があげられるだろう。そこでは、民衆や植民地主義にこだわる姿勢が、日本の近代への理解に陰影をもたらし、独特の近代認識が構築されていくことになった。そうした認識は、近代化論をめぐる丸山眞男とロバート・ベラーの論争、モダニティ論をめぐる中村政則とアンドルー・ゴードンの論争に表出されているとも言えよう。

日本にこだわるということは、二宮の言葉を用いれば、広く「いま」と「自分」から問題を立ち上げる「問いかけの歴史学」を実践するということである。「いま」とは何か。その指標となるものは、新自由主義、大学改革、競争原理、成果主義、格差社会、貧困と生存、環境問題など、枚挙にいとまがない。他方で、「自分」とは何か。歴史学の転換点にある現在、晩年の二宮が、個人史としての歴史家の評伝に力を注いでいたのは、時代と格闘してきた歴史家から「自分」探しの道を発見するという、後進の歴史家へのメッセージではなかったのだろうか[17]。それはまた本章において、私が二宮宏之の歩みから引き出したかったメッセージともなる。

(1) 「戦後歴史学と社会史」『二宮宏之著作集』(以下、『著作集』と略)第四巻、岩波書店、二〇一一年、六頁。
(2) 前掲、六頁。
(3) 「歴史を認識し記述するとはいかなる精神の営みか。それを考えるにあたって、まずもって強調しておきたいことは、その原点に歴史家の問いがあるということである。……歴史をとらえようとする人びとすべてにとって、歴史に立ち向かうその出発点には、みずからの発する問いがあるはずなのだ。ここで「問い」の持つ意味を特に強調するのは、歴史を個々人の主観とは関係なく客観的に実在するものとみなし、歴史家はそれを実証するだけだと考える、客体主義とでも呼びうるような歴史の受けとめ方が、日本においてはとりわけ根強いからである。」「歴史の作法」『著作集』第一巻、一一五―一一六頁。傍点は引用者(以下同)。

(4)　二宮は述べる。「フランス時代、……一つにはこの農村史をやってとっても良かった。それは、日本での講座派以来の構造史の中で考えていた農村史とはまったく違って、人間が具体的に生きている世界だっていうことですね。」「インタビュー　二宮宏之氏に聞く」『著作集』第五巻、四〇九頁。

(5)　「「社会史」という名称は多義的である。以上に述べたような歴史学の立場を表すのにふさわしいとも言えない。むしろ、ジャック・ルゴフの表現を模して、「もうひとつの歴史学」とでも呼ぶほうが適切かもしれない。いずれにしても社会史は、どこまでも問いなおしを続けようとする歴史学、筆者がかつて用いた表現に立ち戻るならば、自らをも乗り越えてどこまでもはみだしていこうとする歴史学に付された記号に他ならない。」「戦後歴史学と社会史」『著作集』第四巻、一六頁。

(6)　松浦高嶺「イギリス近代史における「実態的」概念と「整序的」概念」柴田三千雄・松浦高嶺編『近代イギリス史の再検討』御茶の水書房、一九七二年。

(7)　「ジェントルマン資本主義にせよ、ヴォルテール的フランスにせよ、たしかにより実態に即した概念だと主張することは可能にしましても、それ自体が整序概念であることに変わりありません。そのようにイギリスをみ、フランスをみるという歴史家の営みが、そこには介在しているのであって、決してあるがままでもなければ素顔でもない。そこのところは十分気をつけておかないと、歴史はただ実証的にやればみえてくるというところへもどってしまいます。」「他者としての近代」『著作集』第一巻、一〇二頁。

（８） 岡田与好「『営業の自由』と、『独占』および『団結』」東京大学社会科学研究所編『基本的人権５』東京大学出版会、一九六九年。この論争については、いまではあまり言及されることもなくなってしまった感があるが、戦後歴史学の第二世代に属する人びと、岡田与好、山之内靖、遅塚忠躬なども積極的に関与したことで知られている。

（９） 「インタビュー 二宮宏之氏に聞く」『著作集』第五巻、四一二・四一〇頁。

（10） 前掲、四一二頁。

（11） 「一揆の過程を通じて農民たちは、単に王権のみならず領主も教会も都市ブルジョワジーも、全てを含めこれらを敵対者として意識していた。……われわれはむしろ、……もろもろの「権威」に対する民衆の反逆、ひととしての誇りを踏みにじられて来た者の一切の抑圧者に対する反逆を、そこに見る。……しかし、ここに発現されたひととしての矜持は、百年後のブルターニュ農民の胸に再び力強く甦らなかったと言えようか。そして更に、「大革命」における幻滅を超えて更に遠く生き続けなかったと言えようか。……叛乱を起こした農民たちは、……より根源的な「自由」をその要求として掲げたのであった。……その意味で、幾重にも折り重なった歴史の歪みを背負い込んでいる辺境の地に勃発したこの叛乱は、アンシアン・レジーム期における「自由」の意味をも、見事に照らし出すことができたと言ってよかろう。」「「印紙税一揆」覚え書」『著作集』第二巻、六五—六七頁。

（12） "AHR Forum: Historiographic 'Turns' in Critical Perspective", *American Historical Review*, vol. 117, no. 3, June 2012.

（13） 「ソシュール的アプローチは、「歴史家は言説に先行ないしはその外部に存在する透明な過去を〈あるがままの姿で〉回復することができる」という実証主義者のナイーブな信仰を認めない一方で、歴史家の探求それ自体を不可能にしているわけではなかった。それどころか、歴史家の探求を強化しているとさえいえるのである。なぜなら、その主張の根拠となっているのが……史料の内部において言語的な慣例が作動している点を十分に理解しなければならないことにあるからである。」ギャレス・ステッドマン・ジョーンズ「日本語版への序文」、拙訳『階級という言語――イングランド労働者階級の政治社会史　一八三二―一九八二年』刀水書房、二〇一〇年、xi頁。

(14) Peter Burke, *What is Cultural History?*, Cambridge: Polity Press, 2nd ed. 2008, p. 79(拙訳『文化史とは何か　増補改訂版』法政大学出版局、二〇一〇年、一一四頁).

(15) William H. Sewell Jr., *Logics of History: Social Theory and Social Transformation*, Chicago: University of Chicago Press, 2005.

(16) 柴田三千雄(福井憲彦・近藤和彦編)『フランス革命はなぜおこったか――革命史再考』山川出版社、二〇一二年、三一―九頁。

(17) 「先生が厳しく求められたのは、新しい歴史学であろうと旧い歴史学であろうと、歴史家の仕事の質なのであった。残念なことに、この「質」を測る便利な物差しは存在しない。私たちにとって可能なのは、身をもってその質の高さを体現している作品に立戻ることだけである。そして、新しい歴史学を志す者こそが、そのことを真先に知らねばならない。数え切れぬほどに生み出されるフランス歴史学の作品の中で、今日の中心的な関心からは一見外れているかに見えるムーヴレ先生の遺著を、筆者がとりわけ大切に思い、くり返しそこに立ち戻りたいと希うのも、まさにそれゆえである。」「ムーヴレ先生と歴史家の精神」『著作集』第五巻、三〇五頁。

終章　現代歴史学への展望

はじめに

本書で主として対象としてきたのは、英語圏を中心とした歴史学の社会史から言語論的転回への移行のプロセスであり、これに日本における西洋史を中心とした歴史学の展開を重ね合わせてみることで、より立体的な史学史の把握を目指してきた。すなわち、戦後歴史学、社会史、そして言語論的転回という三つの段階である。終章では、これまでの議論を補いながら、「転回」後の風景に関するラフなスケッチを提示することにしたい。まず社会史について言えば、社会史研究そのものが多様なかたちをとって展開していた点を強調しなければならない。この多様性の原因は、社会史研究が、イギリス、フランス、ドイツといった各国ごとの固有の歴史学の体系によって規定されていたことにあるが、そこでまず社会史の国民的類型を明らかにしつつ、そこに見られる共通性と差異を指摘することにする。

次に、社会史研究に対する言語論的転回のインパクトについて考察する。リン・ハントは、『グローバル時代の歴史叙述』(二〇一四年)[1]において、合衆国を中心とした現代歴史学の状況に関して、既存の四つのパラダイム(マルクス主義、近代化論、アナール学派、アイデンティティの政治)を批判してきた文化理論に基づく歴史学(文化論的転回)が活力を喪失しており、有効なパラダイムとしての代案を提示できない状態にあると述べる。言語論的転回という言葉は、アメリカでは汎用性をもたなかったとされており、社会史研究パラダイムの後にポストモダン理論に基づく文化史の台頭が見られたという。

ハントはさらに、「転回」後の光景として次のような点を指摘する。国民国家という分析枠組みに代えて空間的に大きなスケールを設定したという意味で、グローバル・ヒストリーだけがパラダイムとしての「大きな物語」の座を独占することになっており、他方で、最新の心理学や生命科学の成果に依拠しながら、人間に対するより深淵な理解を探究する「ディープ・ヒストリー」なる傾向も生じている。ハントの言明は、ポスト「転回」の問題状況を端的に語るものとして貴重な証言であり、こうした点を踏まえながら、言語論的転回を経た現代歴史学の状況について素描することで、本書を締めくくりたいと思う。

一　社会史の系譜

(1) 国民的類型

日本の西洋史研究において「社会史」の意味するところは多様であった。それは、日本の研究者が依拠する欧米の研究状況に関連している。社会史研究は、それぞれのナショナルな枠組みのもとで進展してきたからである。

まず、イギリスを見よう。イギリスの社会史は、アカデミズム主流のホイッグ史学の系譜に属するジョージ・マコーリ・トレヴェリアンによって、「政治史を除いた社会史」として提唱されたが、主としてアカデミズムの外部、すなわち一九世紀末から労働組合やジャーナリストなどによって、「下からの歴史」や「人民の歴史学」を標榜しながら展開していくことになった。第二次世界大戦後には、マルクス主義の影響を受けつつも、『過去と現在』の創刊、オクスフォード大学のラスキン学寮を中心としたヒストリー・ワークショップ運動などの制度的基盤を獲得した。その金字塔がエドワード・トムスン『イングランド労働者階級の形成』(一九六三年)であり、この伝統的なケンブリッジの道徳批評を継承する大著は、その後のイギリス社会史研究に「想像力の源泉」を提供していくことになったのである。(2)

他方で、一九六〇年代以降になると分析概念を隣接諸科学から借用する傾向が顕著になるが、これは歴史学を取り巻く環境の変化に負うところが大きかった。それには、高等教育の拡充、文書館の整備、コンピュータ技術の進歩、コピー機の普及、大学での社会経済史の講座化などがあげられる。客観性を重視する科学としての歴史学の地位をアカデミズム内部に確立する必要性という内的要因、また史料解析のツールとしての科学技術の進歩という外的要因に促されて、トニー・リグリーとロジャー・スコフィールドによって主導されたケンブリッジ学派の歴史人口学に見られるように、客観性や科学性を確立するための数量化の試みが行なわれるようになり、歴史的素材は資料からデータへと変容していった。ここに確立した歴史社会学的アプローチが、因果関係の基底に社会的要因を措定することによって、歴史解釈としての優位性を発揮していくことになった(3)。

次に、フランスの例を見よう。いうまでもなくフランスでは、マルク・ブロックやリュシアン・フェーヴルが、一九二九年に雑誌『アナール』を創刊することになるが、アナール派の歴史的構想力の骨格は、この二人の始祖によって提出されていた。そこでは、一九世紀のランケによって開発された物語風の政治史学に対する批判のうえで、社会経済史学や心性史を重視する学際的方向性が示されていた。この学際性に基づく深層から歴史を捉える全体史的アプローチは、第二世代のフェルナン・ブローデルによって体系化されていった。ブローデルは、歴史的時間を物理学における波動のメタファーで捉え、短期・中期・長期の「持続」にそれぞれ事件史・変動局面・構造という名称を与えて、事件史とは異なる位相の分析にアナール派の存在意義を見いだそうとしていたのである。とりわけ、そこでは賃金・物価・人口の変動を描く社会経済史に力点が置かれることになった(4)。

ブローデルに続く第三世代は、歴史の変わらない側面に焦点を当てることになる。ル＝ロワ＝ラデュリらによる歴史人類学の時代である。ル＝ロワ＝ラデュリは、フランス農村を歴史人口学の観点から分析して、「動かざる」歴史を描くことになったのだが、やがて長期持続、すなわち構造のなかでの「心性史」と呼ばれる領域に踏み込んでいくことになる。ル＝ロワ＝ラデュリ『モンタイユー』(一九七五年)(5)は、ラングドック地方の寒村の異端とされた農民の心性を描くことに成功した作品であるが、この心性史は必然的に文化史の領域、表象や実践を対象とする歴史研究の潮流を生み、そこからは、第四世代のアラン・コルバンの臭いや音をめぐる表象の歴史、ならびにロジェ・シャルチエによる読書の慣行を中心とした実践の歴史が生み出されていくことなった。

ドイツの歴史研究は、全体としてその近代化がナチズムという「特有の道」を歩んだのはなぜかという関心に立脚していたが、そのアプローチは第二次世界大戦後になっても伝統的な政治史中心の物語風の歴史叙述が主流であった。だが、一九六〇年代になると、ハンス・ウルリヒ・ヴェーラーとユルゲン・コッカらのビーレフェルト学派によって政策決定の前提にある社会構造の分析に重心を置く社会史的アプローチがとられるようになった。彼らは方法論的にはマルクスとヴェーバーに依拠しており、労働者階級や職員層の階級構造の分析に関心を集中して、「社会構造史学」として特徴づけられることになった。そこでの問題関心は、近代化過程での工業化が権威主義的体制と結びつく「特有の道」を発見することにあり、日本の戦後歴史学、とりわけ大塚久雄らの比較経済史学派と共通するところがあった。(6)

これに対して、ハンス・メディックなどの研究者は日常生活史を唱え、民俗学、民族学、文化人類学などへの接近をはかって、いわゆる歴史人類学的視点から社会史を展開しようとしていた。この日常生活史の特徴は、歴史の主体的な側面、つまり人びとの知覚や経験、行為、生活様式を解釈学的に再構成しようとするところにある。それはできあいの概念や理論からではなく、「内側から」人びとの生活世界に入っていくことによって歴史にアプローチするものであり、必然的に、個々の教区や村落、家族や個人といった小規模な集団や空間を対象とするものとなった。また民衆史への志向と結びついて、庶民、女性、子どもたちなど歴史変動の客体とされた人びとの共通経験に焦点を当てようとしたのである。(7)

(2) 共通性と差異

社会史研究パラダイムは、より広い文脈に位置づければ、一九世紀のランケ史学の物語風の歴史叙述の政治史学に始まり、戦間期の経済史研究の隆盛に続く歴史研究の一パラダイムを形成するものであり、一九八〇年代以降の文化史(文化論的転回)への過渡期に位置するものであった。この狭間の時期に、経済史と文化史を両極としながら、それぞれに親和性をもつ社会史研究が展開することになったのである。それはマクロには、政治的現象を理解する前提となる社会経済的位相を明らかにし、それと政治的領域を結びつける因果関係を求めるものであり、ミクロには、個人レヴェルでの日常的実践を理解するためにコンテクストの発見を追求するものだった。

ここからわかるのは、社会史には二つの系譜が存在していたことである。第一に、フランスではブローデルのいう状況局面に位置する現象を捉える「系の歴史学」、ドイツでは社会集団の関係性を捉えるための構造史、イギリスではケンブリッジ学派の歴史人口学などの社会経済史を基調とする因果関係の分析がそれにあたる。第二に、アナール学派でも第三世代以降の心性史と呼ばれる領域での歴史人類学的分析、ドイツにおける日常生活史、イギリスにおける民衆文化史は、文化史的な傾向を内包していたといってよかろう。そこでは歴史的コンテクストのなかでの「意味」の発見が重視されていた。この二つの系譜からなる歴史研究の混成体が、「社会史」と呼ばれていたのである。

日本における社会史も同様に解釈できよう。社会史のもつ射程を西洋史研究の立場から早い時期に示したのが、一九七九年の『思想』「社会史」特集号における柴田三千雄、遅塚忠躬、二宮宏之による「鼎談　社会史を考える」であった(8)。三人に共通するのは、フランス史を専攻して高橋幸八郎のもとで戦後歴史学の薫陶を受けるなか、一九六〇年代の留学を通じてアナール学派を中心とする社会史研究と出会い、そこで体得した理論や方法をみずから実践しつつ、日本の西洋史研究に紹介していったことである。柴田は、ジョルジュ・ルフェーヴル、アルベール・ソブール系譜のフランス革命史研究を民衆史の点から紹介したが、とりわけ遅塚と二宮の間には社会史をめぐる力点の置きどころの差異が明白であった。すなわち、社会史のなかでも歴史人口学を中心とする社会経済史を重視する遅塚と、歴史人類学へと傾斜する文化史的志向性をもつ二宮の差異である。

この二宮の歴史人類学的な視点は、雑誌『社会史研究』に継承されていった。『社会史研究』は、川田順造などの人類学者、網野善彦、阿部謹也、良知力などの歴史家によって一九八三年に刊行を開始した雑誌であり、人類学との交流を意識的に行ないつつ、日本史・西洋史の領域で表出されつつあった「社会史」というテーマを開拓していくものであった(9)。それらは、戦後歴史学のなかから育ってきた歴史家による提言として読むことができる。他方、一九八〇年代の関西圏では「近代社会史研究会」が継続的に活動していた。見市雅俊、谷川稔、川越修らを中心に若手・中堅世代が参加するものとなり、『規範としての文化――文化統合の近代史』などの作品を生み出したが、その中身は実質的に文化史といわれるものを含んでいた。[10] ジェンダー史やポストコロニアル史なども射程に入れ、知の地平線を広げつつあったのである。

二　ポスト「転回」の位相

世界的に見て社会史研究パラダイムへの批判は、一九六〇年代から一九八〇年代にやってきた。というのも、社会史研究のよりどころとなっていた理論が、現実の出来事によって説得力を失いつつあったからである。近代化論は、国民国家建設の政策が第三世界、とりわけヴェトナムで失敗に終わったときに、困難な時期に入った。マルクス主義はソヴィエト連邦が一九五六年のハンガリーでの反乱を鎮圧したあとに確実に魅力を失っていったが、一九八〇年代末からソヴィエト連邦や東ヨーロッパにおける共産主義体制が崩壊して決定的な打撃を受けることになった。[11] こうした外在的な説明に加えて、歴史学の方法という内在的な要因が加わる。それが、言語論的転回のインパクトであった。

(1)「転回」のインパクト

史学史上の言語論的転回については、近年、総括的な試みがなされている。ガブリエル・シュピーゲルによる二〇〇八年度アメリカ歴史学会の会長講演が、「転回」を自覚的に対象化するものとして名高い。シュピーゲルによれば、第二次世界大戦以降、さまざまな領域で意味論的な挑戦が伝統的な歴史叙述に対して投げかけられた。これらの挑戦は、一九六〇年代から一九七〇年代にかけて研究者となった集団によって遂行されてきたという。そこには、言語に対する哲学的な考察、文化に対する人類学的な考察、主体形成に関する心理学的な考察などが含まれる。以下では、とりわけ言語と文化に対する考察に重点を置く(12)。

一九六〇年代から一九九〇年代にかけて登場した「転回」は、経済的・社会的な関係が文化的・政治的表現の基礎を提供するという基本的な前提に異議申し立てをすることで、既存の社会史研究パラダイムを掘り崩していった。言語や文化は、マルクス主義のように生産様式や生産関係のうえに屹立する「上部構造」として構想されているわけではない。それは、アナール学派が論じたように、緩慢な環境や人口動態の牽引力によって形成される潮流の海にある泡でもなかった。「転回」はそうした諸前提を転倒させ、言語や文化が自立的な論理をもつことを主張するものであった。つまり、言語表現や文化的表現が経済を含む社会的世界をかたちづくるのであって、そこから演繹することはできないというのである。

しかし、その一方で、文化論的転回に与する歴史家たちは、政治を無視している、研究を政治化している、人間の主体性に無関心である、特異な個人の主体に注意を払いすぎているなどの批判にさらされてきた。また他方で、因果関係の分析や「資本主義の動態的歴史の考察」からの退却も問題として指摘されている。「転回」以降の歴史家たちによる「小さく、ローカルで、文化的に構築された」

ものに対する関心の集中という現象は、個別事象への惑溺、全体性の喪失という点で、新自由主義的価値観と親和性があるというのだ。たとえば、アナール学派では、フランスの伝統のある地方や地中海のようなより広範な地理的圏域を対象化することとは対極をなすかたちで、ある個人やある農村の研究といったミクロヒストリーにただ注目するだけであった[13]。イギリスでは「社会史のエンクロージャ現象」が指摘され、文化史の断片化と呼ばれる現象が出現したのであった。

(2) グローバル・ヒストリー

このようにして、言語論的転回は歴史解釈についてのコンセンサスを瓦解させたが、具体的な歴史叙述としては、それ以前の社会史研究パラダイムに対する魅力的なオルタナティヴを提出できなかった。その点でグローバル・ヒストリーは魅力的なオルタナティヴのようなものになっている。それはグローバリゼーションについて語っており、西欧を特権化しつつも、なぜ西欧がグローバルな覇権へ登り詰めたのかという「大きな問題」への回帰を唱えている。文化史がローカルでミクロな歴史を重視したのに対して、グローバル・ヒストリーは、本質的にトランスナショナルでマクロな歴史的発展を重視することになる。それはまた、歴史研究にとっての新しい目標を提示する。つまり、ますます相互依存を深めるグローバル化された世界での私たちの位置を理解することである。

リン・ハントによれば、そのグローバル・ヒストリーにもいくつかの潮流が見られるという[14]。ひとつは、「トップダウン型」のグローバル・ヒストリーと呼ばれるものである。具体的には、イマニュエル・ウォーラステイン、グンダー・フランクなどによる従属理論や世界システム論の系譜の普遍的な歴史叙述を指している。それは資料的には国民経済単位での平均余命やGDP、GNPなどの経済指標に依拠しながら、マクロ経済理論を駆使して壮大なる世界史を描こうとしている。対象とされるのは、主として近代史の領域であり、「西欧の勃興」を終着点とする近代資本主義発展史が叙述されるが、そこでは拭いがたい西欧中心主義と経済成長重視の思想が貫かれることとなる。また近年、アジアやアメリカの役割を組み込みながら「西欧の勃興」を再検討する研究でも、西欧中心主義と近代主義の価値観が色濃いという。

これに対して、「ボトムアップ型」といわれるグローバル・ヒストリーの系譜も存在する。これは、主として近世史の分野で、砂糖やタバコなどの交易活動、ユダヤ人やアルメニア人のディアスポラ現象などに焦点を当てるものである。そこでは、国境地帯・砂漠・河川・海洋、交易と離散などのトランスナショナルな空間・現象が注目され、経済的側面だけではなく、交易活動をとりまく嗜好の変化、人的交流、家族の紐帯、識字率、宗教的意識などの文化史的諸問題も取り扱っている。これらの活動には、近代資本主義の発展で消滅してしまったものもあり、近代化とは必ずしも一致しない現象であるが、「トップダウン型」の包括的理論構築と文化論的転回後のミクロストリアの断片化した個別実証研究の「中間路線」、言いかえれば、一般化のための史料研究を目指すものとされている。(15)

（3）自己と主体

社会の構成的な起点として人間の主体を位置づけることは、これまでも重視されてきたところである。しかし、「転回」以降の歴史学は、「自己」へと主体の内面に深化していく方向性をとっているように思われる。これまでの歴史学は心理学に対して自覚的に距離を置いてきたが、リン・ハントは、この「自己」を探求するために心理学・脳科学・認知科学などを含む周辺諸科学との対話を進めるべきであると述べている。この「ディープ・ヒストリー」と呼ばれるものが目指すのは、人間の心理的次元からの歴史の巨視的な把握である。こうしたなかで、歴史学には「自己」理解のための心理学との和解が求められ、さらに新興の諸科学との交流が促されている。そこで注目されているのが、神経科学や認知科学などの分野であり、それらとの交流から感情史などの分野が台頭してきている。[16]

実際のところ、「言語論的転回の最大の成果は人間性(personhood)に対する認識の深化」であり、「認知科学や脳科学こそが、歴史学が協力関係を取り結ぶべき隣接分野である」と主張されることもある。[17]だが、脳科学や認知科学との提携を進めていこうとする傾向に対しては、いくつかの批判が提出されている。ジェンダー史家のカーラ・ヘッセは、[18]歴史学は、素朴な客観主義とは一線を画しつつも、コンテクストの解明に有益な社会科学の手法は取り入れるべきであるとし、むしろ距離をとるべきなのは、生命科学や生物学的知見による物質主義的歴史解釈に対してなのだと述べている。

それは、脳科学などの提示する人間観が、フロイト的伝統をもその系譜に含む啓蒙主義以降の人文科学の人間観を根本から否定していることによる。近年の生命科学は、人間の物質的な側面への関心を高め、人間の工学的・物理的改善への社会的要請もあり、かつて人文科学が影響力をもってきた領域への浸透を深めつつある。たとえば、心理機能不全に対する処方などをめぐって、精神・心・人間性などの概念に依拠する精神分析学は、投薬による治療の万能性を唱道する治療法とパイの奪い合いを行なっているという。それはあらゆるものを市場化しようとする新自由主義的な原理とも軌を一にしており、経済成長に資することを至上命題とする昨今の教育政策とも共鳴するものとなっているのである。[19]

こうした文脈のもとで、歴史学をめぐる現状はどうなのだろうか。日常生活に密着した普通の個人を分析の起点にすえ、その「主体性／主観性」(subjectivity)に焦点を当てるエゴ・ドキュメント研究は、かかる複合的な問題状況を反映したものとして登場してきている。[20]エゴ・ドキュメントとは、「一人称」で書かれた資料を意味するもので、具体的には、日記、書簡、自叙伝、回想録、法廷史料などの文書を指している。言語論的転回や文化論的転回の成果を摂取しつつ再興してきているエゴ・ドキュメント研究は、フロイト流の「エゴ」という言葉を採用して、現代の人間をめぐる状況に歴史学から問題提起を行ない、物質主義的な理解から人間性を奪還する試みであるのかもしれない。

小　括

最後に、近年の英語圏で話題を集めている書物について、若干の紹介をして結びとしよう。それは、デヴィド・アーミテイジとジョー・グルディの共著『歴史学宣言』(二〇一四年)である。著者たちによれば、現在、新自由主義的な成果主義の蔓延のもと近視眼症候群が支配的となり、環境問題や社会問題をめぐっても、官庁、企業、NGOのすべてが長期的展望をもてずに解決不能な状態に陥っているという。過去や現在をもとに、将来を展望するにはどうしたらよいのだろうか。そうしたなかで大学の人文科学に期待が集まる一方、周知のように人文科学への風当たりが強くなっている。近視眼的思考のもとで経済的利益が重視される風潮では、実利と距離をとる人文科学が敬遠される傾向にあるというのである。事実、欧米でも日本でも人文科学は外部から攻撃され、学生や親たちが実学や専門教育を選好して志願者が減少し、ゼミナールなどの少人数形式の授業も減少してきている。

アーミテイジらはまた、かつて歴史学はブローデルの言うところの「長期の持続」を扱うことを特徴としてきたが、その歴史学においても「近視眼症候群」が浸透してきていると指摘したうえで、その背景として、主として二点をあげている。ひとつは、研究対象とする時代の短縮化の傾向である。一九〇〇年には平均七五年を分析対象としていたのに対して、一九七五年には約三〇年となっている。この要因としては、研究が蓄積されて先行研究が厖大になったこと、また資料へのアクセスが改善されて緻密な分析が要求されるようになったことなどをあげている。もうひとつは、歴史家が禁欲的な態度をとるようになり、壮大な議論を回避するようになっていることである。つまり、歴史学的な知識をもとに現状分析や問題解決に向かうことがなくなり、公的な問題への関与を避ける傾向が生まれ、それに代わって非専門家による歴史の濫用が目立つようになっているという。

このようにアーミテイジたちは、近年の歴史学が、かつての歴史学の長期の持続への志向性から、短期的思考へと転換しつつある動向を指摘している。そして、その間隙を埋めるようなかたちで、とりわけ経済学者を中心とする非専門家による歴史の濫用が人気を博し、非歴史的かつフラットに過去を理解する、極度の経済決定論ならびに環境決定論的思考が跋扈している状況を慨嘆している。歴史学は、独自の史料批判の能力を活かしながら、この趨勢に対抗すべきであるという。具体的には、環境問題や格差や貧困問題、グローバル統治の問題について課題を設定しながら、長期的な視点から現状分析を行ない問題解決に対する処方箋を提供することによって、歴史学の倫理性と実践性を復権すべきであるというのである。(21)

社会史から言語論的転回にいたる展開、そこにおける大きな物語(パラダイム)の消失、矮小化された実証主義の跋扈は、本書で史学史的に検討してきた歴史学の歩みと軌を一にするところである。グローバル・ヒストリーへの注目、人間の深遠な心理的次元への注目とならんで、この現実の社会が提起する諸問題と格闘することが、倫理性と実践性を再度確立してそれらを歴史学の存在理由とし、歴史学の意義を広く世に訴えることになるのではないか。ステッドマン＝ジョーンズなどは、早くから言語論的転回を批判して、歴史学における実践性と倫理性の復権を唱えていたが、(22)こうしたアーミテイジらの歴史学への提言は、二一世紀の歴史学のあるべき姿を考えるうえで首肯すべきところが多いものとなっている。しかし、その具体的な検討は、本書の守備範囲を大きく超えるものとなる。ここでは、次なる課題として記すに留めておくことにしたい。

(1) Lynn Hunt, *Writing History in the Global Era*, New York: W. W. Norton, 2014.

(2) 本書第1章、第2章を参照。

(3) 本書第1章を参照。

(4) 竹岡敬温『『アナール』学派と社会史——「新しい歴史」へ向かって』同文館出版、一九九〇年。

(5) Emmanuel Le Roy Ladurie, *Montaillou: village occitan de 1294 à 1324*, Paris: Gallimard, 1975(井上幸治ほか訳『モンタイユー——ピレネーの村　一二九四〜一三二四』全二冊、刀水書房、一九九〇—九一年).

(6) Jürgen Kocka, *Sozialgeschichte: Begriff, Entwicklung, Probleme*, Göttingen: Vandenhoeck und Ruprecht, 1986(仲内英三・土井美徳訳『社会史とは何か——その方法と軌跡』日本経済評論社、二〇〇〇年).

(7) Jürgen Kocka, *Sozialgeschichte: Begriff, Entwicklung, Probleme*, S. 167-174(前掲訳書、二四〇—二五六頁).

(8) 柴田三千雄・遅塚忠躬・二宮宏之「鼎談　社会史を考える」『思想』第六六三号、一九七九年。

(9) 『社会史研究』全八冊、日本エディタースクール出版部、一九八二—八八年。

(10) 谷川稔ほか『規範としての文化——文化統合の近代史』平凡社、一九九〇年。

(11) Lynn Hunt, *Writing History in the Global Era*, p. 26.

(12) Gabrielle M Spiegel, "Presidential Address: The Task of the Historian", *American Historical Review*, vol. 114, no. 1, pp. 1-15.

(13) Lynn Hunt, *Writing History in the Global Era*, chap. 1.

(14) Lynn Hunt, *Writing History in the Global Era*, chap. 2.

(15) Lynn Hunt, *Writing History in the Global Era*, chap. 2.

(16) Lynn Hunt, *Writing History in the Global Era*, chap. 3.

(17) Nathan Perl Rosenthal, "Comment: Generational Turns", *American Historical Review*, vol. 117, no. 3, 2012, pp. 804–813.

(18) Carla Hesse, "The New Empiricism," *Cultural History and Socal History*, vol. 1, no. 1, 2004, pp. 201–207.

(19) Roger Cooter with Claudia Stein, *Writing History in the Age of Biomedicine*, New Haven: Yale Univesity Press, 2013, chap. 1.

(20) 拙稿「エゴ・ドキュメント論——欧米の歴史学における新潮流」『歴史評論』第七七七号、二〇一五年一月。

(21) David Armitage and Jo Guldi, *The History Manifesto*, Cambridge: Cambridge University Press, 2014.

(22) Gareth Stedman-Jones, "The Determinist Fix: Some Obstacles to the Further Development of the Linguistic Approach to History in the 1990s", in Gabriel Spiegel ed., *Practicing History: New Directions in Historical Writing after the Linguistic Turn*, London: Routledge, 2005.

あとがき

「はしがき」で述べたように、本書は既発表の諸論考を加筆・修正して一冊にまとめたものである。最も古いものは一九九三年に執筆されたもの(第3章)であるが、ほとんどの論文はここ数年間に集中して発表されている。その意味で、本書は現在の筆者の考えを表明したものとなっているといってよい。とはいえ、軌を一にするかのように、海外でも言語論的転回に関する総括的な試みが進行中であり、本書はそうした研究動向からも多くを学ぶことができた。とりわけ、最終段階では、英語圏で類書が相次いで刊行され、その成果を取り入れることができた。

もちろん、本書をまとめる過程で十分に汲みあげることができなかった論点も残された。社会史から言語論的転回へという史学史上の転換に対する考察が主たる対象となったことにより、ポスト「転回」ともいえる風景のなかで浮かび上がってきている諸問題、すなわち、グローバル・ヒストリーへの評価、新たな主体をめぐる論争、エゴ・ドキュメント研究の意義、日本における史学史の再検討、歴史学の実践性の復権などについては、輪郭だけがごく簡単に触れられただけで、本格的な考察としてはまだまだ手つかずの状態となっている。だが、それらは今後の課題として取り組むことにして、ひとまず一冊の書として本書を世に問うことにした。忌憚の無い御意見や御批判をいただければと思う。

本書をまとめる過程では、多くの方々から示唆と励ましを得ることができた。岡本充弘氏を中心とする東洋大学人間科学研究所の研究プロジェクトは、この間にヘイドン・ホワイトやピーター・バークをはじめとする海外の研究者の招聘を積極的に推進して、学際的なシンポジウムやセミナーを開催するなど、日本の歴史理論研究のメッカとなってきた感がある。喜安朗氏や北原敦氏を中心として『社会運動史』の再検討を行なう一連の研究会を開催して、史学史への関心を喚起してくれたのも、この研究プロジェクトである。また成田龍一、原聖、姫岡とし子の三氏をはじめとする私的な研究会では、これからの歴史学を展望する刺激的な議論に触れることができた。また、この「あとがき」執筆中に安丸良夫氏の訃報に接した。折に触れて氏からは、私の拙い歴史学の方法論的模索に対し励ましをいただいてきた。本書を氏の存命中に届けることができなかったのが残念でならない。そのほかにも、全員の名前をあげることはできないが、これまでお世話になった方々に対して、この場を借りて感謝を申し上げたい。

刊行に際しては、岩波書店編集部の石橋聖名さんにお世話になった。遅々として進まぬ作業に辛抱強く付き合って下さり、折々に貴重なアドヴァイスをいただいた。御礼を申し上げる。本書の最終段階では、パートナーの梅垣千尋が、いつものように細々とした作業まで手伝ってくれた。感謝の意を記したい。

本書のなかでも何度か触れたが、「転回」と新自由主義はコインの裏表の関係にあった。今日、大学改革の名のもとに市場原理と権威主義が一挙に大学に流入し、また歴史学をはじめとする人文科学に対して、いわれなき非難や攻撃が加えられ続け、純粋にアカデミックな知的探究が困難になりつつあるように感じられる。そうしたなかでも批判的知性のよりどころとしての歴史学の伝統を保持しつつ、その歴史学を革新していくことに関心をもつすべての人びとに本書を捧げたいと思う。

二〇一六年四月　窓辺より桜咲く小道を眺めながら

長谷川貴彦

初出一覧

Ⅰ　社会史から言語論的転回へ

第1章「修正主義と構築主義の間で——イギリス社会史研究の現在」
『社会経済史学』第七〇巻第二号、二〇〇四年七月。

第2章「イギリス労働者文化のメタヒストリー——「経験」から「物語」への転回」
『歴史評論』第七三七号〈特集 近代日本の労働者文化〉、二〇一一年九月。

第3章「階級・文化・言語——近代イギリス都市社会史研究から」
『思想』第八二八号、一九九三年六月。

Ⅱ　転回する歴史学

第4章「物語の復権／主体の復権——ポスト言語論的転回の歴史学」
『思想』第一〇三六号〈特集　ヘイドン・ホワイト的問題と歴史学〉、二〇一〇年八月。

第5章「文化史研究の射程——「転回」以降の歴史学のなかで」
『思想』第一〇七四号〈特集　ピーター・バークの仕事——文化史研究の現在〉、二〇一三年一〇月。

第6章「現代歴史学の挑戦——イギリスの経験」
歴史学研究会編『歴史学のアクチュアリティ』東京大学出版会、二〇一三年五月。

Ⅲ　戦後歴史学との対話

第7章　「『社会運動史』とニューレフト史学」
喜安朗・北原敦・岡本充弘・谷川稔編『歴史として、記憶として――「社会運動史」一九七〇～一九八五』御茶の水書房、二〇一三年五月。

第8章　「二宮史学との対話――史学史の転換点にあたって」
『クアドランテ』第一五号〈シンポジウム報告「歴史からの問い／歴史への問い――二宮宏之と歴史学」〉、二〇一三年三月。

終章　「言語論的転回と西洋史研究――受容のコンテクスト」第一節
岡本充弘・鹿島徹・長谷川貴彦・渡辺賢一郎編『歴史を射つ――言語論的転回・文化史・パブリックヒストリー・ナショナルヒストリー』御茶の水書房、二〇一五年一〇月。

索　引

た　行

な　行

は　行

ま 行

や 行

ら 行

長谷川貴彦
1963年生まれ．東京大学大学院人文社会系研究科博士課程修了，博士(文学)．現在，北海道大学大学院文学研究院教授．専門はイギリス近現代史，歴史理論．著書に『イギリス福祉国家の歴史的源流』(東京大学出版会)，『産業革命』(山川出版社)，『イギリス現代史』(岩波新書)，編著に『エゴ・ドキュメントの歴史学』『〈世界史〉をいかに語るか』(以上，岩波書店)，訳書にP. バーク『文化史とは何か』(法政大学出版局)，G. ステッドマン・ジョーンズ『階級という言語』(刀水書房)，リン・ハント『グローバル時代の歴史学』，同『なぜ歴史を学ぶのか』(以上，岩波書店)など．

現代歴史学への展望 ── 言語論的転回を超えて

2016年5月24日　第1刷刊行
2022年7月15日　第2刷発行

著　者　長谷川貴彦《はせがわたかひこ》

発行者　坂本政謙

発行所　株式会社 岩波書店
〒101-8002 東京都千代田区一ツ橋2-5-5
電話案内 03-5210-4000
https://www.iwanami.co.jp/

印刷・精興社　製本・松岳社

ISBN 978-4-00-061126-8　　Printed in Japan